KB177264

교실 속
생태 환경 이야기

교실 속
생태 환경 이야기

김광철 지음

맘에드림

교실 속
생태 환경 이야기

발행일 2016년 1월 26일 초판 1쇄 발행
지은이 김광철
발행인 방득일
편 집 신윤철
디자인 강수경
마케팅 김지훈

발행처 맘에드림
주 소 서울시 중구 퇴계로48길 26(묵정동 31-2) 2층
전 화 02-2269-0425
팩 스 02-2269-0426
e-mail nurio1@naver.com

ISBN 978-89-97206-39-1 03370

※ 책값은 뒤표지에 있습니다.
※ 잘못된 책은 구입처에서 교환하여 드립니다.
※ 이 책은 저작권법에 의하여 보호를 받는 저작물이므로 무단 전재와 무단 복제를 금합니다.

어린이를 경외심으로 수용하며, 사랑으로 교육하고, 자유롭게 한다.

- 루돌프 슈타이너(Rudolf Steiner) -

자연에 대해 하나하나 알아가는 떨림

나는 유신이 한창이던 시절 서울교대를 나와 서울에서 초등 교사로 교직에 첫발을 내디뎠다. 초창기 때 학급 담임을 맡고 청소년 단체 활동 등을 하면서 늘 아쉬웠던 것은, 아이들과 함께 자연으로 나가면 동식물 등 자연과 생태에 대하여 아이들에게 가르쳐 주려고 해도 별로 아는 것이 없었다는 점이다. 이런 안타까움이 초창기 내 교직 생활의 한으로 남았는지 모른다.

1987년 6월 항쟁과 함께 우리나라에 불어닥친 민주화의 바람은 전국교사협의회와 전교조(전국교직원노동조합) 결성으로 이어진다. 나는 이 바람을 피해 가지 않았다. 전교조 활동을 하다 해직의 길로 접어들면서도 늘 함께했던 화두, '참교육'은 지금도 놓을 수 없는 교사인, 나의 존재 이유다.

1993년 전교조 서울 초등 조합원이 중심이 되어 만든 서울 초등 환경 교사 모임 '흙바람'의 초대 회장을 맡았다. 흙바람은 경기도 가평의 가락재에서 생태 체험 등을 할 수 있는 건물과 텃밭을 빌려 교사 연수도 하고, 아이들과 함께 자연 탐사 활동도 하고, 농사도 지으면서 본격적으로 생태 환경교육에 매달리게 되었다.

그러는 사이 학교 현장으로 복직이 되고, 1995년 1월에는 '환경을 생각하는 전국교사모임'(환생교) 창립에도 함께하였다. 환생교는 겨울과 여름방학 때는 전국을 돌면서 2박 또는 3박을 하면서 연수를 하고, 학기 중에도 운영위원회 등을 열면서 전국의 초·중등 교사들 중에서 환경에 관심을 갖고 있는 교사들끼리 활발하게 교류를 했다.

이런 활동을 통하여 식물, 물고기, 새, 곤충, 갯벌 생물 등 자연, 생태 학습을 본격적으로 하게 되고, 여기에서 공부한 것들을 학교와 교실로 가져와 자연스럽게 아이들의 교수, 학습 활동으로 이어지게 되었다. 이런 공부는 자연, 생태에 대하여 하나하나 알아가는 떨림 그 자체였다. 환생교 활동은 나에게 많은 생태 전문가들을 만나게 해 주었고, 공부할 수 있는 기회를 주었다. 이렇게 시작된 활동은 초록교육연대라는 단체로 이어지고, 지금은 교사 직무연수 등을 통하여 널리 전파하는 활동을 지속하고 있다.

요즘은 혁신학교인 서울신은초등학교에서 후배 교사들에게 이런 나의 노하우를 전수하는가 하면, 직접 학생들과 학부모들이 참여하는 초록 동아리를 만들어서 교내와 학교 주변의 산과 들, 하천은 물론이고 수도권을 넘어 영호남 지역까지 활동의 범위를 넓혔다. 그뿐 아니라 근래에는 역사, 문화 영역으로까지 범위를 넓혀, 자연에 적응하며 역사와 문화를 이루었던 선조들의 삶의 모습까지 찾아 나서고 있다.

　이 책에 실린 내용은 그런 활동의 결과물 중 일부이다. 책의 내용 중에는 동료 교사와 아이들의 작품을 빌려온 것도 있고, 민은하 신은초 초록 동아리 전 회장님의 소감문 몇 편도 고맙게 허락을 받아 인용했다. 특히 1학년 담임을 하면서 진행했던 발도르프 방식의 자연, 생태 학습 활동은 이야기가 되고, 그림과 시로 표현되어 이 책에 많이 실려 있다. 아이들에게는 평생 잊을 수 없는 추억일 것이다. 그와 함께 나의 30년 생태, 환경교육 활동이 《교실 속 생태 환경 이야기》로 이렇게 매조지는 것은 무한한 기쁨이다.

　지면의 제약과 책자라는 한계로 인하여 충분한 의사 전달이 되지 못하는 면이 없진 않겠지만 맘에드림 출판사의 방득일 대표님과 신윤철 편집주간님의 배려로 예쁜 책의 모습으로 태어난다는 생각만으로도 떨리는 마음을 주체할 수 없고, 아주 고맙게 생각한다.

2016년 1월

김광철

교사와 아이들을 이끄는
생태 환경교육의 길잡이

나는 이 책을 읽으면서 교육의 본질을 다시 생각해 본다. 우리 교육은 교육의 본질인 아이들이 가지고 있는 무한한 잠재 가능성의 개발이라는 중요한 측면을 소홀히 해 온 면이 없지 않다. 경쟁과 수월성 교육에 내몰린 나머지 학습의 과정과 배움에 대한 즐거움은 사라지고, '오직 지식과 결과 중심의 교육을 해 오지 않았나'라는 성찰이 있어야 한다.

《교실 속 생태 환경 이야기》를 읽으면서 '아, 그래. 이런 교육을 해야 하는 거야.'라고 나도 모르게 무릎을 탁 치게 된다. 초등학교 아이들이 어려서부터 벼를 심어 가꾸어 수확을 하고, 고구마와 감자를 심어 가꾸고 그것을 수확하여 찌거나 튀김을 만들고, 감자전도 만들어 먹기도 하고, 무·배추를 가꾸어 김장을 하고, 그걸 곁들여 1학년 짝반 동생들과 인절미를 만들어 먹었다는 이야기를 읽으면서 '우리의 교육이 나아갈 방향을 따뜻하게 제시해 주고 있지 않나'라는 생각이 들어 글을 읽어가는 내내 흐뭇한 미소를 멈출 수 없었다.

학교 주변의 들꽃 한 송이에도 무한한 애정을 주고, 지렁이 한 마리, 잠자리 한 마리에도 관심과 애정을 가질 수 있도록 배려한 《교실 속 생태 환경 이야기》는 도시 학교에서도 생태, 생명 학습이 가능하다는 가능성을 열어주고 있다. 화려한 금붕어와 열대어를 기르는 것보다 우리 산하에서 살아가는 버들치와 피라미를 교실로 가져와서 함께 키우고, 봄이면 산과 들로 나가 숲을 거닐면서 꽃을 찾아보고, 그들의 향기를 느끼고, 그걸 시로 써 보고, 그림으로 그려 보고, 이야기를 나누는 과정을 통하여 우주가 자연스럽게 아이들의 품속으로 들어오지 않겠는가?

이 책을 읽어 내려가면서 김광철 선생님이 초등학교 학생들과 마인드맵을 통하여 경험을 공유하고, 이야기를 나누고, 그림으로 그리고, 시로 써 내는 통합 교육 활동들을 하는 것을 보면서 '어찌 저렇게 자란 아이들한테서 고운 감성과 품성이 잉태되지 않겠는가?'라는 생각을 해 본다. 놀 줄 모르는 우리 아이들을 자연으로 데리고 나가는 그 자체, 그리고 자연을 교실로 들여 오는 그 자체가 현재 우리가 가고자 하는 교육 혁신의 중요한 한 분야라는 것을 확신하면서, 김광철 선생님께서 이런 훌륭한 생태 학습의 내용들을 책으로 정리하여 우리 학교교육의 혁신 방향과 내용을 제시해 주신 것에 대하여 크게 감사하다는 말씀을 드리며, 교사를 비롯하여 많은 분에게 권하고 싶다.

2016년 1월

서울특별시 교육감 조희연

차 례

1부 봄

01. 풀피리를 불며 자연의 오묘함을 느끼다

봄이 오면 생각나는 풀피리

봄이 오면 파룻파룻 소리도 없이
버들가지 가지마다 새싹이 트고
봄이 오면 언니하고 바구니 끼고
나물 캐러 가던 일이 생각납니다.

봄이 오면 울긋불긋 소리도 없이
산과 들엔 가지가지 꽃들이 피고
봄이 오면 오빠하고 냇가에 나가
버들피리 불던 일이 생각납니다

　이 노래는 내가 초등학교 다닐 때 많이 불렀던 〈봄이 오면〉이
라는 노래다. 김묘순이 쓴 동시에 정세문이 곡을 붙인 것으로, 아
직도 가사가 기억이 날 정도로 많이 불렀다.
　또 음악 시간에 자주 불렀던, "동무들아 오너라 봄맞이 가자
(중략) 버들피리 만들어 불면서 가자"라는 〈봄맞이 가자〉(박태현
작곡, 김태오 작사)도 떠오른다. 두 노래 모두에 '버들피리'가 나
오지만 어린 시절 버들피리를 만들어서 불어 본 적은 없다. 고향

이 제주도 서귀포 시골 동네인데, 1970년대까지 보리농사를 지었기 때문에 보릿대로 만든 보리피리를 불면서 많이 놀았다. 고향 마을에선 누구도 버들피리를 만들어 놀지 않았다. 그러니 버들피리를 만들 줄도, 불 줄도 몰랐다.

버들피리가 놀잇감으로 다가온 것은 초등학교 교사가 되어 '환경과 생명을 지키는 전국교사모임'의 일원으로 충남 홍성에 2박 3일 연수를 갔을 때였다. 청양이 고향인 최병재 선생이 어릴 때 버들피리를 만들어서 많이 불었다고 했고, 그제야 노랫말 속 버들피리가 현실감 있게 다가왔다. 나는 호기심이 생겨, 최병재 선생한테 버들피리를 어떻게 만들어서 어떻게 부는지 그 방법까지 배웠다.

자연 속에서 놀 수 있는 여러 가지 재료의 피리들

아이들이 자연과 친해지기 위해서는 자연 속에서 놀 수 있는 많은 놀이가 개발되어야 한다. 버들피리를 만들고 부는 놀이도 그중 하나다. 그래서 나는 환경 관련 동아리에서 캠프를 가거나 중학년 이상 학급 담임을 맡으면 연례 활동처럼 버들피리를 만들어서 불며 자연을 가까이 느끼도록 해 준다. 버들피리 말고도 강아지풀이나 개밀 등 볏과 식물의 잎을 따서 양쪽 엄지손가락 사이에 끼우고 불면 어렵지 않게 다양한 소리를 낼 수 있다.

민들레 꽃대로도 피리를 만들 수 있다. 가장 만들기 쉬운 건 보리나 개밀 같은 줄기 속이 비어 있는 식물이다. 그런 식물들을 이용해서 피리를 만들고 부는 것은 비교적 쉽다. 5cm 안팎으로 속이 비어 있는 줄기를 자른 다음 한쪽 끝을 이빨로 살살 씹어서 납작하게 만든 다음 불면 된다. 씹힌 부분이 떨리면서 소리를 내는 것이다.

갈대나 달뿌리풀로도 쉽게 만들 수 있다. 갈대나 달뿌리풀의 마디 사이, 속이 비어 있는 부분을 잘라서 한쪽 끝은 비스듬히 깎고 리드 역할을 하도록 잎을 끼우면 풀피리가 된다.

● 갈대 · 달뿌리풀 줄기로 풀피리 만들기

① 갈대나 달뿌리풀 줄기를 5~8cm가량 마디로 막히지 않게 자른다.

② 마디와 마디 사이 줄기를 자른 뒤 한쪽 끝을 커터칼로 45도 각도로 비스듬히 자른다.

③ 비스듬히 잘린 짧은 끝부분을 구멍이 생기지 않도록 다음 사진에 나온 모습처럼 조금 쨴다.

④ 쨴 부분에 갈대나 달뿌리풀 잎을 끼운다.

⑤ 끼워 넣은 갈대나 달뿌리풀 잎이 피리 밖으로 나오지 않도록 꼭 맞게 가위나 커터칼 등으로 다듬는다.

⑥ 갈대 잎을 끼운 부분을 입에 물고 적당한 세기로 불면 갈대 잎이 리드가 되어 떨리면서 소리가 난다.

⑦ 갈대 줄기에 구멍을 내 피리처럼 불 수도 있다.

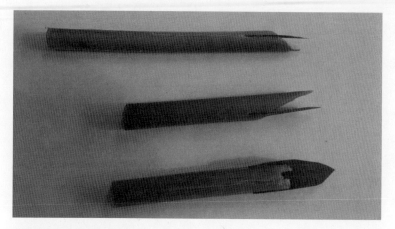

갈대 줄기로 만든 갈대피리들

● 버들피리 만들어 불기

① 아기 새끼손가락 굵기(지름 0.5cm 정도)의 버드나무 가지
　를 잘라서 준비한다. 초록색을 띤 가지라야 껍질이 잘 벗겨
　진다.

② 가지의 한쪽 면을 수직이 되게 자른다.

③ 위 그림과 같이 가지가 잘린 부분에서부터 약 5cm쯤 되는
　곳을 커터칼을 이용해 수직으로 자를 수 있도록 가지를 돌리
　면서 껍질에 칼집을 낸다.

④ 피리를 만들 부분을 가벼운 나무토막 등으로 살살 두들겨서
　버드나무 껍질이 잘 벗겨지게 준비한다.

⑤ 버들피리를 만들 부분을 한 손으로 잡고 나뭇가지를 좌우로
　비틀면서 껍질이 돌아가도록 한다.

⑥ 나무껍질이 돌아갔다는 느낌이 오면 껍질을 빼어 낸다.

⑦ 빼어 낸 껍질의 한쪽 면(가지 끝 쪽) 겉껍질을 약 0.5cm 정도 벗겨 내 하얀 속껍질이 나오도록 한다.

⑧ 하얗게 속껍질이 드러난 부분을 앞니로 잘근잘근 씹어서 납작하게 만든다.

⑨ 껍질을 벗겨 낸 버들피리 부분을 3분의 1쯤 단단히 물고 바깥을 향하여 세게 불면 소리가 난다.

능숙하게 잘 만들 수 있으면 좀 더 굵은 가지를 골라서 10cm 정도 길이로 자른다. 똑같은 방법으로 만들되 버들피리 중간에 구멍을 몇 개 내어 리코더를 불 듯 구멍을 차례대로 열면서 불면 피리와 같이 음의 높낮이를 조절하여 소리를 낼 수 있다.

● 민들레 · 보릿대 이용하여 피리 만들기

① 민들레 꽃대나 보릿대를 준비한다.

② 마디가 막히지 않게 3~5cm 정도 길이로 자른다.

③ 한쪽 끝을 이로 잘근잘근 씹어서 납작하게 만든다.

④ 입술로 꽉 물고 세게 불면 소리가 난다.

민들레 꽃대나 보릿대, 또는 밀의 줄기(밀짚) 외에도 속이 비어 있는 볏과 식물은 줄기를 잘라서 풀피리를 만들 수 있다.

● 냇가에서 버들피리 만들어 불며 놀다

2015년 봄, 담임을 맡았던 6학년 열매반 아이들과 함께 학교 옆 냇가로 갔다. 버들피리를 만들기 위해서였다.

이른 봄 돋아난 버드나무 가지들 가운데 아기 손가락만 한 가지 하나를 잘랐다. 자른 곳에서 5cm가량 윗부분에 커터칼로 한 바퀴 돌려 칼집을 냈다. 그렇게 해야 버드나무 껍질이 째지지 않게 벗겨 낼 수 있다. 껍질이 잘 벗겨지도록 가벼운 나무토막 같은 것으로 살살 두드려 준 다음 왼손으로 단단히 잡고 오른손으로는 약간 힘을 주면서 살살 비틀면 껍질이 돌아가는 것이 느껴진다. 다시 살살 비틀면서 완전히 돌아간다는 느낌이 올 때 잡아당기면 버드나무 껍질이 쏙 빠져 나온다.

이 버드나무 껍질의 한쪽 끝을 0.5cm 정도 커터칼로 속껍질만 남게 굳은 겉껍질은 깎아 낸다. 그리고 속껍질이 드러난 하얀 부분을 이로 잘근잘근 씹은 다음 입술로 꼭 물고 바깥쪽으로 세게 불면, 신기하게도 '뷰우~' 하고 소리가 난다.

소리가 나자 아이들이 환호성을 질렀다.

"우와! 소리가 난다. 버들피리가 완성됐어!"

그러면서 서로 자기 먼저 만들어 달라고 아우성이다. 물론 만들어 달랜다고 다 만들어 줄 수는 없다. 아이들 스스로 만들어 보게 하는 것이 자연 속에서 하는 생태교육의 목적이기 때문이다.

"너희들이 만들어 봐. 6학년 정도 됐으면 이 정도는 만들어야 하지 않겠어? 하다 하다 안 되는 사람만 선생님한테 와요. 도와 줄 테니까."

만들기 활동을 할 때면 으레 그렇게 해서인지 아이들이 이내 버드나무 쪽으로 달려갔다. 가지를 자르고 껍질을 벗기느라 낑낑 거리는 사이 피리를 몇 개 더 만들었다. 한참 후 여자아이 한 명이, "선생님, 잘 안 돼요. 만들어 주세요." 하면서 버드나무 가지를 들고 왔다.

"그래? 뭐가 잘 안 되나?"

보아하니 껍질을 벗기는 것부터 안 되는 모양새다. 아이가 보는 앞에서 다시 버드나무 가지 하나를 들고 앞서와 같은 과정으로 칼집을 내고 살살 두들긴 다음 나뭇가지를 비틀어서 껍질을 뺐다. 그러고는 주면서, "이걸 갖고 다시 해 봐요. 나한테 다 맡기지 말고요." 했다.

시간이 좀 흐르자 여기저기서 버들피리 소리가 들리기 시작하

서울신은초등학교 6학년 열매반 학생 한 명이 버들피리를 만들어서 불고 있다(2015년).

고 환호성도 들린다.

"성공이다. 성공이야!"

"우와! 나 좀 도와줘."

삽시간에 학교 옆 냇가는 버들피리 소리로 넘쳐났다.

풀피리 명인 이야기

풀피리(풀잎피리), 즉 초적(草笛)에 대한 기록은 이미 조선 전기인 1493년(성종 24)에 완성된 음악 책 《악학궤범(樂學軌範)》에 등장한다. "나뭇잎을 입에 대고 불면 그 소리가 맑게 진동한다. 귤과 유자 이파리가 특히 좋다."고 적혀 있다.

풀피리가 등장한 시기는 아마도 원시 시대로 거슬러 올라가지 않을까 싶다. 버드나무 잎이나 복숭아나무 잎에서 나오는 소리는 신비롭기까지 하다. 자연은 소리로 가득하다. 보이지는 않지만 각각의 자연물에서 나오는 소리는 참으로 다양하다. 자연에는 본디 기(氣)가 흐른다. 기가 흐르다 멈추면 형상을 만들고, 빛을 받아 모습을 드러내기도 한다. 그러한 기가 형상 뒤에 숨어서 파동을 내지만 인간의 귀에는 들리지 않을 뿐이다. 사람들은 언제부터인가 그 은밀한 비밀을 알아내고 나뭇잎을 따다 입술에 대고 소리를 만들어 내는 것이다. 인간은 작위적으로 소리를 만들어 내지만, 태초에 만들어진 자연의 소리는 그 음역과 의미가 무한하다. 아무리 퍼내도 마르지 않은 샘과 같다.

경기도 포천 사람인 오세철은 경기도 무형문화재 제38호로 지정된 '포천 풀피리'의 기능 보유자다. 중학교 때부터 풀피리에 빠졌다고 하는데, 10대 후반 초금 명인으로 알려진 강금산 선생에게 사사를 받았다. '서도 소리'로 유명한 인간문화재 이

은관 선생에게도 사사를 받아 많은 개인 연주회를 열고 풀피리 독주곡집을 내기도 하였다. 인터넷에 '풀피리 명인 오세철'을 검색하면 동영상 등이 공개되어 있어 연주를 들어 볼 수 있다.

풀피리는 풀잎을 입술에 대고 부는 일종의 악기다. 옛날 문헌에는 초금이라고도 나온다. 버들피리나 보리피리같이 관을 이용하여 소리를 내는 것이 아니다.

전통 사회에서는 여러 음악 연주에 초금을 사용하였다고 한다. 초금은 궁중뿐 아니라, 민간에서도 많이 연주해 명인이 많았다고 한다. 일제 강점기에는 강춘섭 명인이 초금으로 산조를 연주해 유명하였다.

02. 봄나물 무쳐 먹고 생태 학습

비오는 날 자연과 만나는 운치

2015년 4월 29일은 초등학교 1~2학년 위주로 만든 초록 동아리 모임에서 학교 인근 생태 탐사를 하기로 한 날이었다. 아침에 출근을 하는데 비가 추적추적 내려서 걱정이었다. 아니나 다를까, 동아리 회장님이 전화를 했다.

"비가 오는데 오늘 예정된 학교 인근 생태 탐사는 어떻게 하나요?"

회원들의 문의 전화가 계속되고 있단다. 그렇지 않아도 먼저 회장님한테 연락을 할까 하다, 아이들 챙겨서 학교 보내느라 바쁜 시간인 것 같아서 출근한 다음 하려고 했었다.

내심 '들판에서 몇 가지 식물 잎을 따온 뒤 교실에서 관찰 활동을 하고, 개망초와 쇠별꽃 등 나물로 먹을 만한 풀들을 뜯어 와서 살짝 데쳐서 무쳐 먹으면 될 것'이라는 생각으로 출근을 하던 중이었다.

"큰 비가 아니면 그냥 진행하는 것으로 하죠. 식물 몇 종 뜯어 와서 교실에서 관찰하면 될 것 같습니다. 그런데 회장님, 나물 무쳐 먹기로 한 건 어떻게 하기로 했나요?"

"글쎄, 회원들한테 카페에 의견을 댓글로 달아 달라고 했는데, 두세 명밖에 응답이 없어요. 아무래도 나물 만드는 건 그만두고, 전에 했던 것처럼 식물 생태 탐사만 하는 게 좋을 것 같아요."

"그래요…."

나물을 만들려면 고춧가루와 볶은 깨, 참기름, 식초, 마늘 등 양념을 준비해야 하는데, 아무래도 아이들 키우고 살림하며 하나하나 챙기는 게 번거로울 것이라는 생각도 들었다. 그래서 나물은 생략하고 평소 하던 대로 생태 탐사만 해야겠다는 생각은 들었다. 더구나 비까지 오지 않은가. 그렇지만 한편으론 '이럴 때 함께 안 하면 일부러 해 보기가 쉽지 않은데…', '어차피 한 달에 한 번 하는 활동이라 뭔가를 하는 것이 좋을 듯한데…' 하는 생각이 머릿속을 맴돌았다.

그래서 "그럼, 오늘 나물 캐서 무쳐 먹기는 안 합니다."라는 대답은 하지 않고, 일단 그 부분은 마음속으로 유보해 놓았다. 학교에 가서 영양사 선생님께 양념을 구할 수 있는지 알아보고 결정을 할 심산이었다. 조리 기구는 학교 살림터에 가면 챙길 수 있으니 걱정 안 해도 된다.

"아이들과 나물을 무쳐 먹으려고 하는데, 양념 좀 얻을 수 있을까요?"

학교에 도착하자마자 나는 영양사 선생님부터 찾았다.

"어떤 양념이요?"

"다진 마늘, 고춧가루, 참기름 등이요."

"고춧가루는 없고, 대신 고추장이 있고요. 식초와 참기름, 볶은 깨는 준비해 드릴 수 있는데, 다진 마늘은 없는데요."

"예, 감사합니다. 이따가 들를게요."

그것만 해도 감지덕지였다. 나는 인사를 하고 인근 마트로 달려가 사비로 다진 마늘을 한 통 샀다.

오늘은 5교시 수업이라서, 수업이 끝나고 반 아이들과 함께 책상과 걸상을 복도로 다 밀어 내었다. 여러 식물 이파리를 채집해 와서 공부를 하기 위해서였다. 교실 바닥을 대걸레질로 깨끗하게 닦아 놓으면 신발을 벗고 들어와도 된다. 반 여자 아이한테 영양사 선생님께 가서 말해 놓은 양념을 가져다 달라고 부탁을 하고, 그사이 교실을 정리했다.

전날 회장님과 통화할 때는 어린이 초록 동아리 회원들과 학부모를 포함해 모두 31명이 모이기로 했다고 들었는데, 비가 와서인지 그 절반가량만 참석했다. 이해는 갔다.

'비가 오는데, 비까지 맞으며 1~2학년 아이들을 데리고 무슨 대단한 걸 공부한다고', '좋은 날이나 가는 거지. 동아리라는 것은 학교 수업하고는 달라서 적당히 빠져도 되는 거지 뭐' 이런 생각으로 참석하지 않은 경우도 있을 것이다. 아프다거나 갑자기 일이 생겼다며 빠질 수도 있다.

그렇다고 나무랄 생각도 없다. 어차피 사람들이란 자기 편한 쪽으로 생각하고 합리화하고 행동하게 되니까. 거기에 '공동체가 어쩌고, 모임이 어쩌고, 원칙이 어쩌고…' 하는 것들은 난센스

일 수 있다. 세상일이 다 개인주의로 흘러가는데, 그걸 무슨 힘으로 묶어 세우고 강제한단 말인가. 강제할 필요도 없고, 강제해서 되는 것도 아니다. 해야 되겠다는 필요가 있거나 소소한 책임감이라도 있어야 참가할 동기 부여가 될 것이 아니겠는가. 동아리의 속성이 원래 그런 거니까. 정도가 지나치면 페널티가 주어지고 제재가 들어갈 수도 있지만 '아직까지 그럴 필요가 있는 단계는 아니지 않은가. 이제 막 시작인지라.'

산나물 무쳐 먹기를 통한 생태 학습의 효과

인류가 이 지구상에 출현해 가장 먼저 한 일은 먹을거리를 확보해 생명을 유지하고 자식을 낳아 종족을 보존하는 일이었을 것이다. 사람이나 동물이나 생명을 유지하기 위해서는 무엇보다 신체대사에 필요한 에너지를 확보하는 것이 필수 조건이다. 그렇다면 생존을 위해 먹을거리를 확보하는 활동은 그 어떤 활동보다 우선하고, 절박하다. 이런 자연 생태계의 질서에 적응하면서 살아왔기 때문에 인류는 오늘날까지 종 보전을 해 올 수 있었던 것이다.

인류, 곧 호모사피엔스(Homo sapiens)가 종 보전은 물론이고, 지구에서 절대적 지위를 누리는 것은 다른 동물들과 달리 지능을 갖고 있어 계속 진화와 발전을 하며 '문화'를 만들어 내고 발전시켜 왔기 때문이다. 그러나 과유불급이랄까? 현재는 오히려 이런 지구와 우주 생태계의 원리로부터 점차 멀어지면서 생태계의 원리에 순응하며 만들어 왔던 문화의 전통들이 깨어지고 있다. 나아가 지구 생태계의 파괴와 교란으로 이어져 지구상에서 수많은 종이 자취를 감추고 있다. 이런 생태계의 파괴는 인류의 지속 가능성마저 심각하게 위협한다. 특히 도시화와 문명화는 이를 더욱 가속화해, 요즘은 생태계와 인간의 단절에서 비롯되는 '생태맹'이라는 신조어까지 등장했다. 이런 현실을 극복하고 우리 인류가 우주와 지구 생태계의 원리를 이해하고 그 질서 속에서 순응하는 노력은, 인류는 물론이고 다른 생물 종의 생존을 위해서도 꼭 필요한 일이다.

교육이란 여러 가지 시각에서 바라볼 수 있지만, 그 중요한 기능 가운데 하나가 문화 전수 기능이다. 그렇다면 학교 또는 가정교육을 통해 인류의 시조인 원시인들의 의식주 체험을 해 보고 원초적 본능을 이해하는 활동만큼 소중한 생태 학습도 없을 것이다.

원시 인류는 채취, 수렵, 어로 생활 등 다양한 방식으로 먹을거리를 확보하고 생명을 유지해 왔다. 특히 채취 활동은 그중에서도 가장 으뜸인 활동이었다. 야생에 있는 모든 동식물이 인류의 먹을거리가 되지는 않는다. 생명들 나름대로 종족을 보전하기 위한 자신만의 방법을 가지고 있다. 공간 이동을 할 수 없는 식물은 종에 따라 독성을 분비해 다른 동물들의 공격으로부터 자신을 보호했다.

생명을 위협하지는 않지만 부작용을 일으킴으로써 인간 또는 동물들로부터 자신을 보호하기도 한다. 인류는 오랜 역사 속에서 이런 동식물을 구분하고 분류하여 생명에 위협이 되지 않게 관리하고 이용해 왔다.

봄이 되면 대지에는 생명이 소생한다. 특히 울창한 숲속에서는 수많은 식물이 싹을 틔운다. 예쁜 꽃을 피우고, 수분을 한다. 열매를 맺기 위해서다. 지구상에는 독특한 향과 맛을 보유해 인간과 동물이 좋아하는 식물들이 있다. 특히 우리 인류는 그러한 식물들을 채취하여 생으로 먹거나 삶아서 먹기도 하고 조미료를 가미해 맛을 음미한다.

우리나라 사람들이 많이 먹는 배추나 무, 감자 같은 채소들은 야생의 식물 종자를 채종하여 다양한 방식으로 먹기 좋게 개량해 온 것들이다. 자연 속에서 스스로 자라나 종 보전을 해 오는 식물 종 중에 나물로서 사랑받는 식물은 많다. 달래, 냉이, 고사리, 두릅은 물론이고 '돌나물'처럼 '나물'이라 불리는 식물은 다 인류가 식용해 온 식물들이다.

이런 야생의 식물을 채취해 쌈으로 먹거나 데쳐서 된장 또는 초장에 찍어 먹고, 여러 가지 조미료를 넣고 무쳐서 먹어 보는 활동이야말로 그 어떤 생태 체험 학습보다 자연 생태를 이해하는 지름길이 될 수 있을 것이다.

나물로 먹을 수 있는 식물들

산이나 들에서 서식하는 식물 가운데 나물로 이용하는 것은 무궁무진하다. 고사리와 고비는 독성이 있지만, 그 독성을 제거하고 나물로 이용한다. 세신(족두리풀의 뿌리)이나 천남성 같은 식물의 독은 약으로 이용한다. 식물체에는 원래 독성이 있는데 이는 다른 생물과 병해충으로부터 자신을 보호하기 위해서다. 그리고 오랜 옛날부터 인류는 식물들이 갖고 있는 독성 물질을 이용해 세균이나 곰팡이 등을 제거해 왔다.

산나물 중에는 주로 초본류가 많지만, 일부 목본류는 잎이나 줄기, 뿌리를 식용한다. 백합과나 십자화과, 산형과, 국화과 식물들이 특히 나물로 많이 이용된다. 볏과 식물들은 낟알을 식량 자원으로 많이 이용하며, 잎과 줄기는 식용하지 않는다. 우리나라 사람이 즐겨 먹는 산나물 몇 종을 소개한다.

● 나물로 먹는 산과 들의 십자화과 식물들

십자화과 식물 가운데 냉이속 식물이나 배추속 식물 중에 나물로 이용되지 않은 것은 거의 없다. 독특한 향과 맛 때문에 제일 사랑받는 채소다.

① 냉이속: 냉이, 미나리냉이, 황새냉이, 물냉이 등은 국을 끓이거나 데쳐서 무쳐 먹고, 는쟁이냉이는 물김치 재료로 이용한다.

② 배추속: 꽃다지, 유채, 갓 등은 나물로 이용할 수 있다.

● 나물로 먹는 국화과 식물들

국화과 식물은 식물군 중에선 진화의 맨 꼭대기에 있는 식물군이다. 관모를 이용해 퍼져 나가기 때문에 번식력도 다른 식물들에 비하여 굉장히 활발하다. 국화과 식물 대부분은 독성이 없고향이 독특해 나물로 애용하는 것이 많다.

① 쑥속: 참쑥, 물쑥, 쑥 등 종이 다양하지만 대부분 떡이나 쑥버무리를 하거나 말려서 차로 이용한다. 어린잎은 국을 끓여서 먹는다. 인진쑥, 사자발쑥 등은 몸을 따뜻하게 한다고 하여 약초로도 많이 이용한다.

② 씀바귀속: 씀바귀, 선씀바귀, 벌씀바귀 등 줄기를 자르면 하얀 즙이 나오는 씀바귀속 식물들은 쌉싸래하지만 옛날부터우리 조상들이 사랑하던 나물들이다.

③ 고들빼기속: 고들빼기(재배하기도 함), 왕고들빼기(쌈으로이용), 이고들빼기 등이 있다.

④ 엉겅퀴속: 강원도 정선 등에서 유명한 곤드레나물은 고려엉겅퀴를 두고 하는 말이다. 기타 엉겅퀴속 식물들도 어린잎과뿌리 등 전초를 캐서 데쳐 먹을 수 있다.

④ 곰취속: 참취(재배를 많이 함), 곰취(잎의 향이 독특해 인기가 많은 나물로, 요즘은 재배를 많이 함), 개미취, 서덜취, 바위취, 단풍취 등 종류가 많다. 울릉도에서 '부지깽이나물'이

라고 인기가 많은 식물은 쑥부쟁이를 일컫는다.

⑤ 개망초속: 망초나 개망초는 조선이 망할 당시 수입된 목재
나 곡물에 묻어 들어와 전국 산야에 퍼져서 지금은 없는 곳
이 없을 정도로 흔하다. 데쳐서 무치면 시금치 향과 비슷한
독특한 향과 약간 쌉쌀한 맛의 향취에 매혹된다.

⑥ 민들레속: 요즘은 우리 토종 민들레를 만나기가 쉽지 않다.
우리 주변에서 흔히 만날 수 있는 민들레는 귀화식물인 서양
민들레다. 그렇지만 이들을 포함해서 민들레는 뿌리째 캔 뒤
데쳐서 무쳐 먹기도 하고, 효소를 만들어 먹기도 하고, 말려
서 분말을 만들어 차로 마시기도 한다. 간을 다스리는 데 좋
다고 하여 약용하는 사람이 많다.

● 줄기와 뿌리를 나물로 먹는 백합과 식물들

마늘, 파, 양파는 원래 야생의 백합과 식물로 인류가 오랜 옛날
부터 채소와 향신료로 개발하여 애용하고 있다. 달래같이 지금도
산과 들에서 많이 자라는 백합과 식물은 사랑을 받고 있다.

① 부추속: 달래, 산달래, 산부추와 울릉도에서 인기가 많은 명
이나물은 줄기와 잎 등 전초를 이용하기도 한다.

② 원추리속: 원추리와 비비추 등 봄에 새로 올라오는 싹을 데
쳐서 무쳐 먹으면 독특한 맛이 입맛을 돋운다.

③ 얼레지속: 얼레지 잎으로 국을 끓이면 미역국과 비슷한 미
감이 있어, 강원도 지방에서는 미역나물이라 부르기도 한다.

④ 청미래덩굴속: 청가시덩굴, 신밀나물, 청미래덩굴 등은 잎
　과 줄기를 나물로 이용한다.

● 독특한 향 때문에 먹는 꿀풀과 식물들

　들깨 잎은 향기가 좋아 쌈으로 인기가 많은데, 꿀풀과 식물 가
운데는 매운탕을 끓일 때 비릿한 향을 중화하기 위해 사용하는
경우가 많다. 배초향(방아풀), 차조기(도입종), 향유, 꽃향유, 오
리방풀 등은 쌈이나 나물로 어린잎과 줄기를 많이 이용한다.

● 향이 좋아 나물로 먹는 산형과 식물들

① 참나물속: 참나물이란 이름에서도 알 수 있듯 산나물 가운
　데 가장 인기가 많다. 비슷한 것으로 파드득나물이 있는데,
　참나물과 구분하지 않고 이용하기도 한다.

② 미나리속: 돌미나리, 사상자, 기름나물, 개발나물 등이 있다.

③ 전호속: 뿌리와 잎 등 전초를 이용하는데 향이 참 좋다.

④ 어수리속: 강원도에서는 그 독특한 향기 때문에 최고 산나
　물로 인기가 높다.

● 단백질 공급원인 콩과 식물들

　콩잎, 팥잎 등은 장아찌를 담가서 먹거나 가공하지 않고 생잎으
로 먹기도 한다. 그 외에도 아까시나무의 잎이나 꽃, 칡의 잎이나
줄기, 차풀의 잎과 줄기 등은 말려서 차로 이용할 수도 있다.

- 잎과 줄기, 뿌리 등을 이용하는 목본류 식물들

땅두릅나물과 엄나무(음나무) 등은 잎과 줄기를 이용하고 다래나무 또는 화살나무는 어린잎을 따서 말려서 묵나물로 이용하기도 한다. 그 외에도 뽕나무나 꾸지뽕나무, 생강나무, 가죽나무, 참죽나무, 광대싸리, 구기자나무, 감나무 등의 어린잎도 이용한다. 더덕이나 두릅나무 등은 뿌리를 나물로 이용하기도 한다.

- 그 외에 이용할 수 있는 식물들

마을 어귀에서 흔히 보는 메꽃과 꽃마리, 제비꽃류는 모두 훌륭한 나물들로서 어린잎을 무쳐 먹으면 맛이 좋다. 특히 제비꽃류는 장아찌를 담가 먹으면 향도 좋고, 김치를 담글 때 넣으면 잘 시지 않는다. 여름날 하천 변을 덮고 있는 삼 잎같이 생긴 환삼덩굴은 10cm가량 덩굴이 자랐을 때 채취해 살짝 데쳐 먹으면 혈압을 낮추는 작용을 한다고 한다. 그 외에 산과 들에서 흔하게 자라는 대나물도 있다.

바닷가의 염생 식물인 명아줏과의 해홍나물, 나문재, 수송나물 등은 염분이 들어 있어 간은 안 하고 다른 양념만 넣어 나물로 만들어 먹는다.

이외에도 우리나라의 산과 들에는 벌깨덩굴, 애기참반디, 모싯대, 고추나물, 갈퀴나물, 풀솜대(지장보살꽃), 명아주, 닭의장풀 등 나물로 이용하는 식물이 참 많다.

나물 무치기

●재료

① 다듬은 산나물(씻으면 풋내가 나므로 데친 다음에 씻기)

② 국간장(고추장, 된장, 초고추장 등)이나 재료에 따라 장류 대신 소금

③ 다진 마늘

④ 볶은 깨

⑤ 참기름이나 들기름

⑥ 그 외에 필요에 따라서 다진 생강이나 잘게 간 땅콩, 호두 등 견과류

●순서

① 나물이 잠길 만큼의 물을 냄비나 들통 등에 넣어 끓인다.

② 끓은 물에 나물을 집어 넣은 후 국자 등을 이용해 재빨리 뒤집어서 1~2분 정도 데친 다음 미리 준비한 찬물에 집어넣어 식히면서 씻는다.

③ ②의 나물을 소쿠리에 넣어 어느 정도 물이 빠지고 식으면 물기가 약간 남아 있게 손으로 짠다.

④ 물기를 짜낸 나물에 준비한 각종 양념을 넣고 간과 양념이 골고루 퍼지도록 적당히 조몰락거린다.

⑤ 준비된 접시에 담아 낸다.

비오는 날 산나물 뜯기

이날 학습을 위해서 며칠 전 봐 둔 곳이 있었다. 2014년 민은하 학부모 초록 동아리 회장님을 통해서 알게 된 길, 학교 인근 이 펜하우스 1단지와 2단지 사이 길로 가다 보면 제법 넓은데 놀리는 땅이 있다. 뱀딸기와 갈퀴덩굴, 망초, 뚝새풀, 개밀 등이 우거진 사이로 개망초와 쑥이 제법 많이 보였다. 그곳을 내심 찜해 두었던 것이다. 비가 오지만 큰 비는 아니니까 우비를 입고 가 먹을 만한 식물들을 따노라면 나름대로 운치와 소중한 추억이 될 것이라는 생각을 하면서 말이다. 학부모들과 아이들을 데리고 가면서 채집용으로 미리 준비한 비닐봉지를 한 개씩 나누어 주었고, 식물이 다칠 정도로 뜯지 말고 최소한의 것들만 채집하라는 주의를 주었다.

4월 말이 되어서 그런지 개망초는 벌써 제법 꽃대가 올라와 있었다. 누군가 나물로 먹기 위해 개망초 잎들을 뜯어 간 흔적도 보였다. 아이들과 엄마들에게 함께 개망초 줄기의 윗부분을 뜯으라고 주문했다. 학교로 가지고 가서 나물로 무쳐 먹을 생각이었다. 나는 주변을 돌아다니며 쇠별꽃의 줄기와 어린잎을 뜯었다. 생각보다 제법 많았다.

교실로 돌아온 뒤 바닥에 신문지를 몇 장 깔고, 아이들과 학부모들께 채집해 온 식물들의 잎을 모양이 비슷한 것끼리 분류해 놓으라고 했다. 그러고 나서 나는 얼른 살림터로 가 버너와 냄비,

채집한 식물과 식물도감 자료 비교하며 관찰하기

서울신은초등학교 초록 동아리 모임의 생태 체험 학습(2015년)

함지박, 소쿠리, 젓가락 등 조리 기구들을 챙겨서 교실로 돌아왔
다.

아이들과 학부모들은 열심히 식물들을 분류하고 있었다.

미리 식물의 각각의 부위와 명칭을 확인할 수 있도록 식물도감에 나온 자료를 복사해서 나누어 주었다. 그 자료를 보면서 식물의 잎에 따른 용어인 '어긋나기, 마주나기, 돌려나기, 모여나기'와 잎의 각 부분에 대한 명칭인 '잎맥, 잎자루, 가장자리' 등을 확인하는 공부부터 먼저 했다. 그런 다음 식물의 각 부분 명칭을 아이와 엄마가 함께 확인하게 했다.

아이들과 학부모들이 무리 없이 식물의 잎들을 분류하는 동안 나는 가위를 이용해 쇠별꽃의 지저분한 부분을 잘라 내고 삶아서 무칠 부분을 손질했다. 그런데 양이 좀 부족한 것 같아 학교 뒤뜰로 나갔다. 쇠별꽃들이 제법 잘 자라고 있어서 잎과 줄기를 좀 더 뜯어 왔다. 이렇게 준비를 마친 다음, 아이들과 학부모들이 뜯어 온 개망초 잎을 좀 모으고, 내가 손질한 쇠별꽃을 삶기 전에 엄마들한테 좀 씻으라고 하였더니 호경이 엄마가, "나물 무칠 때 미리 씻으면 풀 냄새가 나니까 씻지 않고 먼저 삶아 낸 다음 씻는 거예요." 하면서 말렸다.

그러고 보니 집에서 나물을 무칠 때는 그렇게 했는데, 나도 모르게 '아이들과 엄마들도 먹어야 하니까 더 깨끗하게 해야 해' 하는 생각에 미리 씻으면 풋내가 난다는 것을 깜박 잊어버린 것이다. 얼른 호경이 엄마 말이 맞다면서 나물을 씻으려는 아이 엄마를 말리고 끓는 물에 나물을 데쳐 내었다. 그사이 서승희 회장님께 '나물 무치기'에 대한 즉석 강의를 부탁드렸다.

처음에는 나물이 약간 맵다며 아이들이 선뜻 먹으려고 하지 않았다.

어느새 나물 맛에 홀랑 빠져 버린 아이들이 정신없이 나물을 먹고 있다.

삶은 뒤 먹어 보니 좀 쓰다는 반응이 있었지만, 급식실에서 얻어 온 양념에 다진 마늘을 넣어 나물 무침을 완성했다. 학부모들은 "우와! 맛있다."는 반응이고 꼬맹이 1학년들은 처음에는 맵다고 하더니 이내 달려들어 먹으면서 다들 한 마디씩 한다.

"넘 맛있다. 쇠별꽃, 개망초 나물 참 괜찮은데요."

다들 맛있게 먹는 품이 참 보기 좋다.

학부모들이 이구동성으로 "앞으로 동네 개망초와 쇠별꽃이 남아나지 않겠는데요." 하며 깔깔거렸다.

교직 생활 몇십 년 만에 처음으로 아이들과 개망초와 쇠별꽃의 잎과 줄기를 따서 나물로 만들어 먹어 본 것이다. 왜 이런 활동을 예전부터 해 오지 못했을까 하는 아쉬움이 슬며시 다가왔다.

03. 진달래꽃으로 화전을 만들어요

봄에는 산에 들에 진달래와 제비꽃 피고

진달래[1]

김광철

온 산천 연분홍 타던 날
내 님의 마음을 꼭 품고 싶다
연분홍 나뭇잎 비비며 맡던 솔향에
내 몸 다 맡기고 싶다
피를 토해 내는 두견이 울음도
김소월이 뿌린 꽃잎을 밟는 비련의 주인공이
비록 나의 님일지라도
연분홍 날리던 봄날을
차마 눈물 흘리지 않고 맞을 수는 없다
(후략)

4월이 되면 우리나라 온 산과 들판에서 진달래가 피고 진다. 진달래를 빼고 우리나라 봄꽃을 이야기할 수 없다. 그래서 진달래가 글감이 된 시와 노래가 많은 것이다. 민족의 영가처럼 잘 알

---

1. 이 시는 필자가 낸 시집 《애기똥풀》(고인돌, 2011)에 실려 있다.

려진 김소월의 시 〈진달래〉는 우리나라에서 중·고등학교 문턱에 발을 들여놓은 사람이라면 모두 접해 보았을 것이다. 먹을 것이 귀하던 시절, 아이들은 산과 들로 나가 진달래 꽃잎을 따먹으며 놀았고, 어른들은 술을 담가 '두견주'라 하며 즐겼으니, 우리네 삶과 가장 가까웠던 꽃이 아닐까. 지금은 '산목련(함박꽃)'으로 바꿨다고 하지만, 북한에서는 한동안 진달래가 나라꽃이었다고 한다.

옛날 우리 조상들은 돌잔치나 회갑 잔치, 결혼식 상차림을 화려하게 했는데, 그때 진달래꽃과 국화는 꽃전[花煎]의 재료로서 으뜸이었다.

생태교육에 관심을 가지게 되면서부터 나는 봄이면 연례 활동처럼 아이들과 함께 진달래 화전을 부쳐 먹는다. 겨울 추위가 온 산을 드리우고 있다가도 따뜻한 봄볕이 대지를 감싸 안으면 겨우내 움츠러들었던 나무와 풀들이 싹을 틔우고, 꽃을 피워 계절이 바뀜을 알린다. 4월이 되면 우리나라 중부지방의 도시와 마을 주변 야트막한 산비탈 어디에서나 진달래꽃이 피어나 온 산을 연분홍 세상으로 물들인다. 이런 봄의 정취를 아이들과 함께 느껴 보지 않으면서 생태 학습을 입에 올리는 것은 부끄러운 일이 될 것 같다.

그래서 봄이 되면 아이들과 함께 학교 주변의 산을 오른다. 산을 오르면서 진달래에 얽힌 이야기도 들려주고 꽃잎을 따서 먹어 보기도 한다. 그리고 진달래 화전을 만들기 위해 꽃잎을 따서 내려온다. 오는 길에 길가에 피어 있는 제비꽃 잎도 따고, 민들레 잎도 따고, 쑥도 뜯어서 함께 챙긴다.

'화전 만들기' 일기 글

2009년 나는 서울서정초등학교 4학년 담임을 맡았는데, 그때도 아이들과 함께 진달래 화전을 만들었다. 그날의 체험을 소재로 하여 썼던 아이들 일기 두 편을 소개한다.

4. 18. 토. 맑음
화전 만들기
학교에서 모둠별로 화전 만들기를 했다. 준비물은 꽃(진달래, 쑥, 민들레), 프라이팬, 쟁반, 큰 쟁반, 꿀, 설탕, 소금 약간, 뜨거운 물 1/5, 과일 등이다.
먼저 찹쌀가루를 뜨거운 물이랑 섞는다. 그다음으로 반죽을 질지 않도록 한다. 그런 다음 자기가 만들고 싶은 모양으로 전을 만든다.
그리고 기름을 두른 프라이팬에 찹쌀전 만든 것을 올려놓고 노르스름해지면 뒤집어서 꽃잎을 올려놓는다. 그리고 과일과 함께 화전을 꿀에 찍어 먹으면 된다. 준혁이는 찹쌀가루를 코와 잠바에 자기가 묻혀 놓고 누가 그랬냐고 화를 냈다. 너무 웃기고 아니 개그맨 같았다. 우린 하트, 별, 자동차 같은 여러 가지 모양을 만들었다.
옛날 조상들이 꽃과 잎을 먹을 수 있다는 것을 알아낸 것이 너무 신기하고 지혜로운 것 같다. 반죽할 때 모두 다 하느라 많이 튀겨서 엄마가 한 명씩만 차례대로 하라고 하셔서 돌아가면서 하였다. 드디어 굽기를 시작할 때 앗! 뜨거워 한두 명씩 손을 데었다. 드디어 시식 시간 입에서 살살 녹으면서 쫀득한 것이 너무 맛있었다. 다 같이 만들어선지 더 그런다. 다음에 또 만들어 먹어야지!

4학년 4반 엄○○

4. 18. 토. 맑음

화전

학교에서 화전을 2, 3, 4교시 만들었다. 처음에 화전을 만드는 것은 어려운 일이라고 생각했다. 지금까지 살아오면서 요리를 한 번도 안 해 봤기 때문이다. 화전은 진달래 화전이었다. 엄청 재미있을 거라고 생각했다. 처음에 반죽을 해서 모양을 만들었다. 내가 만든 모양은 알 수 없는 모양이었다. 특히 모양 만드는 부분이 제일 재밌었다. 도훈이는 모양을 잘 만들어서 도훈이가 부러웠다. 다른 친구들도 다양하게 만들었다.

친구들이 할 때 먹어 봤는데 너무 맛있었다. 그래서 그런지 더욱 더 맛있는 것 같았다. 역시 노력한 끝에 좋은 성과가 나왔다. 내 생각에 우리 모둠이 제일 잘 만든 것 같다. 가족한테 주고 싶었지만 담을 봉지가 없어서 아쉽게 넣지 못했다. 정말 재미있었다. 나중에 이런 기회가 또 있었으면 좋겠다.

4학년 4반 장○○

서울서정초등학교 4학년 아이들이 6학년 선배들과 함께 화전을 만들고 있다(2009년).

꽃지짐이(화전) 만들기

● 꽃지짐이 재료

① 찹쌀가루 1~2봉지(먹을 사람 수에 따라 조정)

② 진달래 꽃잎, 국화 꽃잎, 제비 꽃잎, 민들레 꽃잎, 명자나무
   꽃잎, 개나리 꽃잎, 쑥 잎 등

③ 끓인 물

④ 식용유(트랜스지방이 들어 있지 않은 포도씨유 등이 좋음)

⑤ 설탕, 소금(취향에 따라 넣기도 하고, 넣지 않아도 됨)

⑥ 꿀(전을 부치고 나서 찍어 먹을 용도)

⑦ 약간의 과일(곁들여 먹으면 훌륭한 간식이 됨)

● 준비물

① 휴대용 가스레인지 등

② 프라이팬

③ 접시 2~3개

④ 함지박

⑤ 컵

⑥ 나무젓가락(전 뒤집을 때 사용)

⑦ 비닐장갑(필요에 따라. 없어도 됨)

⑧ 포크

● 만드는 순서

① 진달래 꽃잎이 상하지 않도록 살짝 씻고 암술과 수술은 제
   거한다.

② 끓인 물과 찹쌀가루를 1 대 5 비율로 섞어서 반죽을 한다(질
   지 않고 되게 한다).

③ 지름 3cm 정도 크기로 경단을 만들고 납작하게 전 모양을
   만든다(아이들에 따라 하트 모양 등을 만들 수 있다).

④ 뜨겁게 달구어진 프라이팬 위에 ③을 올려놓고 바닥이 노릇
   노릇해질 때까지 뒤집지 않고 지진다.

⑤ 바닥이 노릇노릇해지면 전을 뒤집고 그 위에 진달래 꽃잎과
   쑥 잎 등을 올리고 다 익을 때까지 뒤집지 않고 지진다.

⑥ 다 익으면 접시에 내놓고 꿀을 찍어 먹는다.

진달래 꽃잎, 제비 꽃잎, 쑥 잎은 많았지만 아무래도 시각적인 효과가 부족하다 싶어 그날 오후 명자나무 꽃과 개나리 꽃을 따 왔다. 미리 학급 엄마들께 부탁을 드렸더니 몇 분이 와서 도와 주었다. 어깨짝반인 6학년 열매반 형님들도 함께했다. 두 교실로 나누어 짝과 함께 모둠이 되어 화전 만들기를 한 것이다.

화전을 좀 넉넉하게 만들었다. 신나게 만들어서 일부는 옆반 선생님, 교장실과 교무실 등 학교의 여러 사람과 함께 나누어 먹었다. 아이들 가운데는 다른 반 친구들을 불러서 나누어 먹기도 하고, 일부는 엄마한테 자랑도 하고 가족과 나누어 먹어야겠다며 싸 가지고 가기도 하였다.

아이나 어른이나 먹는 것은 중요하다. 음식 만들기 실습을 한다면 아이들은 엄청나게 설레어 하고, 자기가 만든 음식을 다른 사람들에게 나누면서 은근히 자기 과시도 한다.

화전 재료인 진달래 꽃잎, 명자나무 꽃잎, 개 나리 꽃잎, 쑥 잎 등

여러 가지 꽃잎을 이용해 만든 화전(꽃지짐)

인터넷 학급 카페에서 나눈 대화

나는 2011년 9월, 혁신학교인 서울신은초등학교로 온 뒤 '들꽃 피는 교실'이라는 학급 카페를 운영하고 있다. 이 공간에 아이들의 활동 내용, 학부모들의 의견과 소감을 적는다. 관심 있는 아이들은 들어와서 필요한 사진을 받아 가기도 하고 생각과 느낌을 공유하기도 한다. 관심 있는 사람들은 카페를 방문해서 확인해도 좋다(다음 카페에서 '들꽃 피는 교실'을 검색하면 된다).

화전 만들기 도우미를 했던 한 어머니가 인터넷 카페에 들어와서 글과 사진을 올려 주었는데, 다음은 그에 대한 반응이다(내 닉네임은 '초록샘').

● 박경화 13.04.23. 11:36
제가 화전 체험하고 나서 밥 먹으러 왔다가 빨리 올리고 싶어서 편집도 못하고 올리긴 했네요... ㅎㅎ 아이들 많이 봐주시고 이번에 체험 같이 못 하신 부모님들께서는 담에 기회 되시면 같이 체험해 보세요~ 너무 신나 해요~~ 이상!! 예린맘의 체험기였습니다~~~ !!!!!!! ㅎㅎ
ㄴ● 초록샘 13.04.23. 14:56
우와! 초스피드에 감동입니다. 사실은 오늘 아침에 좀 당황스러웠습니다. 살림터에 가 보니 강사선생님이 강의실을 쓰겠다고서 계시니 "누구시냐? 꼭 여기서 해야 하냐?" 등. 그래서 곡절 끝에 조리실 확보는 되었는데, 여차하면 교실로 와서 할 생각도 하였지요. 제가 이 화전 부치기를 10년 정도 하지만 말로 아이들과 학부모님들께 설명하고, 옆에서 돕는 일만 하다가 오늘 실제로 남은 잡쌀가루로 부쳐 보았더니 그리 만만치만은 않더군요. 오늘 1학년 해오름반과 3학년 세 개 반이 하고, 앞으로 3학년 남은 반, 1학년 남은 반들이 다 하는데, 제가 이 학교에 와서 작년부터 퍼뜨린 거죠. 이제는 다들 신나게 잘들 해요.

  └ 🟢초록샘 13.04.23. 14:57

그럼에도 불구하고 해 보지 않은 선생님들은 달려들기가 쉽지 않나 봅니다. 사실은 오늘도 건방진 생각으로

'엄마들이 없으면 내 혼자 하지 뭐?' 이런 생각으로 했는데, 혼자 했더라면 아이들하고 많이 힘들었을 것 같습니다. 어머니들께서 도와 주셔서 아주 좋았고, 성공적이었습니다. 오늘 고생하신 어머님들께 깊은 감사의 말씀을 드립니다. 수고 많으셨습니다.

  └ 👤김세진엄마 13.04.23. 13:15

저도 너무 즐거웠어요. 생각보다 잘 부쳐지지 않던데요? ^^;; 다들 살림꾼~~~

  └ 🟢초록샘 13.04.23. 15:00

아마 엄마들이 더 신이 났을 거예요. 안 해 본 활동이니까 말입니다. 엄마들도 재미가 있었다니 다행입니다. 바쁜 시간 내어서 봉사해 주셔서 크게 감사드립니다.

👤하늘채연 13.04.24. 18:12

화전 만드는 것은 저도 처음이었는데 생각보다 쉽지 않았지만 새로운 경험이었습니다^^ 아이들과 함께해서 더 즐거웠습니다

  └ 🟢초록샘 13.04.25. 09:50

아마 처음 하시는 경험일 것입니다. 즐거웠다니 다행입니다. 이러저러한 체험들이 쌓여 아이들의 삶은 더욱 풍부해지겠지요?

우리 조상들의 풍속, 화전놀이

화전놀이는 음력 삼월 초사흗날인 삼짇날 풍속으로, 교외나 산속의 계곡 같은 경치 좋은 곳에 가서 꽃도 구경하고 꽃잎을 따서 전을 부쳐 먹으며 노는 꽃놀이다. 지방에 따라 화전놀이, 화류놀이, 꽃놀이, 꽃달임이라고 불렀으며 주로 영남과 호남 남부 지방에서 많이 행해졌다.

삼짇날은 상사(上巳), 중삼(重三)이라고도 한다. 이날은 강남 갔던 제비가 돌아오고 진달래가 만발하며 나비가 날아든다 하여, 제액(除厄)의 의미로 동천에 나가 제비 맞이, 화전 즐기기 등으로 하루를 즐긴다.

삼짇날 화전놀이는 여성들에게는 일 년에 한 번밖에 없는 공식적인 집단 나들이였는데, 본격적인 농사철이 시작되기 전 산이나 들로 나가 음식을 만들어 먹고 놀면서 앞으로 다가올 노동의 괴로움을 미리 위로하는 공동체 잔치로서 의의가 컸다.

화전놀이는 춘삼월 진달래꽃이 만발할 무렵 마을 또는 문중의 여성들이 통문을 돌리거나 해서 놀이를 가기로 뜻을 모으는 것으로 시작되었다. 뜻이 모이면 시어른의 승낙을 얻은 뒤 구체적인 준비를 시작한다. 어느 정도 삶의 이력이 붙어 집안이나 마을에서 인정받는 중년 여성들이 주도하며, 시어머니들은 며느리들이 자유롭게 놀 수 있도록 따라가지 않는다. 음식을 비롯하여 놀이에 드는 경비는 화전계(花煎契)가 있으면 그 기금으로 충당하고 그렇지 않으면 일정하게 갹출했다.

놀이날이 정해지고 준비가 진행되는 동안, 여성들은 그날을 손꼽아 기다린다. 놀이날이 되면 미리 준비한 음식과 조리도구 그리고 지필묵(紙筆墨)을 챙긴다. 꼭 그런 것은 아니지만 가무 반주용 풍물을 가져가기도 했다. 지필묵은 현지에서 화전 노래를 지을 것을 염두에 둔 것이다. 여성들은 어느 때보다 용모에 정성을 들여서 곱게 단장하고 아침 일찍 길을 나섰다.

《동국세시기(東國歲時記)》에는 "참꽃을 따다 찹쌀가루에 반죽을 하여 둥근 떡을 만들고 그것을 기름에 지진 것을 화전이라 한다. 이것이 곧 옛날 오병(熬餅)의 한구(寒具)이다. 또 녹두 가루를 반죽하여 익힌 것을 가늘게 썰어 오미자 국에 띄우고 꿀을 섞고 잣을 곁들인 것을 화면(花麵)이라고 한다. 아울러 시절 음식으로 제사에 쓰기도 한다."고 기록했다.

여성들은 이날 노래도 하고 춤도 추고 가사를 짓기도 하면서 하루를 즐겼는데, 가사는 즉흥작이 많았으나 미리 집에서 지어와 낭송하기도 하였다. 지난 시절 여성들은 화전놀이를 통해 집 안에서만 생활하던 답답함에서 잠시 벗어나 홀가분해질 수 있었다. 다시 말해 화전놀이는 여성들의 해방구 구실을 톡톡히 했던 셈이다.

위키백과 · 한국향토문화전자대전 참조

04. 누에야 어서 자라거라

누에 엄마 되기

누에 엄마[2]

김광철

누가 있어 누에들의 마음을 헤아려 줄까
보자기를 뒤집어쓰고, 누에가 되어 본다는 상상
누가 있어 감히 생각이 여기까지 미칠 수 있단 말인가

달인은 아무한테나 붙이는 말이 아님을
이제사 절감한다

그는 누에와 교직의 한 생을 살면서
그들의 엄마가 되어
그들의 고통한 한과 희망을 절절히 꿰고 있었지

이제 그는 그들의 엄마의 경지를 넘어
삶의 한 조각까지도 놓치지 않는
달인의 경지를 넘어
그 미물에게 혼을 불어 넣어 주는 만신의 경지에까지 이르렀구나

---

2. 〈누에 엄마〉는 필자가 낸 시집 《애기똥풀》(고인돌, 2011)에 실려 있다.

그를 봉하여 누에가 생명을 얻고
그를 통하여 그 누에들의 혼이
아이들에게서 환생을 하니

누에를 넘어 이제 모든 생명의 외경심을
그의 아이들 가슴속 깊이깊이
오롯이 아로새겨 내는구나

　이 시는, 경기도 수원에 있는 초등학교에서 수석교사로 근무하는 노아무개 선생님이 내가 상임대표로 있는 초록교육연대 카페 '초록교육실천(초등)' 메뉴에 올린 글과 활동 사진을 보고 감동하여 쓴 시다. 내가 누에를 키우게 된 것도 노 선생님으로부터 누에 키우기에 대한 노하우를 전수받으면서 시작되었다.

　초등학교에 다니던 1960년대 제주도 우리 고향 마을에서는 누에를 많이 키웠다. 고치에서 실을 뽑고 나면 나오는 번데기를 먹던 기억이 지금도 생생하다. 대나무로 짜놓은 커다란 판에 뽕잎을 올려놓으면 사각사각하고 누에들이 뽕잎 먹던 소리가 지금도 선명하게 들리는 듯하다. 그렇게 뽕잎을 먹으면서 자란 누에가 고치를 지으면, 고치에서 나방이 되어 나오기 전에 삶아서 명주실을 뽑아 냈던 것이다.

서울서정초등학교 1학년 4반 아이들의 누에 키우기 활동 모습(2011년)

누에 키우기는 3학년 과학 교육과정에도 나오지만, 곤충의 한 살이 학습 차원에서 많은 선생님이 학급에서 아이들과 함께 키운다. 요즘 인터넷 포털사이트에서 '누에 기르기'를 검색하면 누에 기르기 세트뿐 아니라 뽕잎까지 포장해 배송해 주기 때문에 쉽게 키울 수 있다. 가격도 비싼 편이 아니다. 생각만 있다면 누에 키우기는 별로 어렵지 않게 접근할 수 있는 손쉬운 제재인 것이다.

내가 신은초등학교에 온 뒤 많은 반에서 누에를 키우기 시작했는데, 누구보다 아이들이 무척 즐거워한다. 더구나 요즘은 컬러 누에까지 나와서 보는 즐거움을 더한다.

누에의 성장 과정

누에는 알에서 깨면 1령이 되고 그로부터 4일 후 2령이 된다. 이 상태에서 3일 후 3령, 3령이 된 날부터 4일 후 4령, 4령이 된 날부터 다시 5일 후가 5령, 그리고 그로부터 7일 후 누에고치를 짓는다. 다시 7일이 지나면 번데기에서 나방이 나온다. 전체 20~25일 사이에서 누에는 고치를 짓는다. 누에고치에서 나방이 나오면 짝짓기를 하여 알을 낳는다.

누에는 1령인 3~4일 동안 뽕잎을 먹고는 머리를 쳐 들고 하루 정도 잠을 자고 허물을 벗으면서 자란다. 허물을 벗을 때마다 2령, 3령으로 나이를 세며, 5령까지 자란 다음 고치를 짓게 된다. 점점 뽕잎을 먹는 양이 많아지다 5령이 되면 가장 많이 먹는다.

누에와 뽕잎을 구매할 수 있는 곳들

'잠사곤충사업장'이나 농촌진흥청 등에 문의하면 관련 정보를 얻을 수 있다. 인터넷 포털사이트에서 '누에 농장', '누에 키우기' 등으로 검색해도 구매처를 쉽게 찾을 수 있다. 누에를 구매하면 뽕잎도 함께 보내 준다. 더 필요하면 따로 주문하면 된다. 뽕잎은 누에 농장에 주문할 수도 있지만 근교로 나가 농약을 치지 않은 뽕나무의 어린잎을 따와서 먹여도 된다. 나는 경기도 안산 호동

초등학교 노은희 선생님께 처음 누에를 얻어 와 시작을 했다. 누에들이 참 잘 자라서 당시 1학년 아이들이 아주 신기해 했었다. 5령의 누에가 집 고치를 짓고 들어갔는데 일주일가량 지나 다시 나방으로 태어나는 장면을 상상해 보라. 아이들의 감탄사가 교실 가득 넘쳐나지 않겠는가. 그 나방들이 암수 짝짓기를 하여 많은 알을 낳았는데, 알들이 까맣게 변하자 죽은 줄 알고 얼마나 걱정을 했던지. 노은희 선생님께 물어 봤더니, "노란 알들이 시간이 지나면서 까맣게 변하고 거기에서 아주 작은 개미누에들이 깨어난다."고 해서 안심을 했던 기억이 난다.

알을 낳은 누에나방은 금세 죽는다. 그러면 아이들은 불쌍하다고 하지만, 교사는 죽은 누에나방을 루페[3]를 이용해 자세히 관찰하면서 누에에 대해 좀 더 많은 내용을 학습한다.

---

3. 휴대용 확대경으로 실물보다 8~10배 정도 크기로 볼 수 있다. 시중의 돋보기보다 선명하게 잘 보여 학교에도 많이 보급되어 이용되고 있다. 예전에는 보석상에서 보석을 감정할 때 주로 이용했지만 요즘은 자연 관찰을 할 때 휴대하기 간편하여 많이 이용하고 있다.

누에 기르기

작은 플라스틱 상자를 하얀 도화지로 싸고 뽕잎을 넣어 누에들이 살 집을 마련한다.

① 1~2령의 어린 누에보다 3~4령 되는 누에를 구매하는 것이
   키우기 좋다.

② 작은 플라스틱 바구니나 와이셔츠 상자, 곤충 사육 상자 등
   의 바닥에 종이를 깔고 뽕잎을 넣는다.

③ 직사광선이 들어오지 않은 약간 어두운 곳에 두고 누에를
   넣는다.

④ 사육 상자 주변에서는 담배 연기나 모기약, 향수 사용을 피
   한다. 누에가 죽을 수 있다.

⑤ 뽕잎은 1일 1~2회 정도 주는데, 물기가 없으면서 시들지 않

을 것을 주어야 한다. 시든 잎은 먹지 않는다.

⑥ 5령이 되어 고치를 짓기 직전 각이 진 곳에 누에가 실을 붙이고 고치를 지을 수 있도록 두꺼운 도화지 등을 삼각기둥 모양으로 접어서 넣어 준다.

⑦ 고치를 짓고 일주일 정도 지나면 나방이 되어 나온 뒤 짝짓기를 하고 알을 낳는다. 누에나방은 나는 기능이 퇴화되어 날지 못한다.

⑧ 시간이 지나면 노란 누에 알들이 까맣게 변하면서 개미누에가 태어난다.

왼쪽부터 고치를 짓고 있는 누에와 고치를 지은 모습, 고치를 짓기 위해 자리를 잡은 누에

누에고치에서 나온 나방들이 짝짓기를 하고 누에가 낳은 알들
있다.

아이들이 고치를 짓는 누에들을 신기하게 바라보고 있다.

누에 키우기를 통해 할 수 있는 활동

누에를 기를 때는 관찰 기록장을 작성해 성장 과정(누에의 한
살이)을 직접 체험하고 관찰하게 하면 곤충의 한살이 학습이 저
절로 이루어지게 된다. 앞의 시에서도 표현을 하였지만 아이들
이 누에고치가 되어 보는 몸 표현도 재미있는 놀이 가운데 하나

다(커다란 보자기를 이용해 누에의 한살이를 표현해 보고 느낌을 이야기하는 놀이다). 시화를 그리고 쓰는 활동도 할 수 있다.

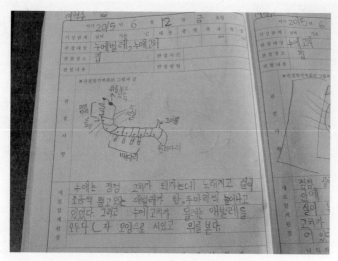

서울목운초등학교 3학년 학생의 누에 관찰장(허순희 선생님)

누에[4]

      최세라

사각사각 누에야
무엇이 그리 맛이 있니
내 잎에도 군침이 자르르
나도 뽕잎을 먹어 보고 싶구나
어서 빨리 자라렴

---

4. 서울목운초등학교 3학년 최세라 학생이 누에를 관찰하고 지은 동시다.

고치를 틀고
알도 낳아 주렴

서울서정초등학교 1학년 학생들이 보자기와 솜을 이용해 누에고치가 나방이 되어 나오는
모습을 표현하고 있다(2011년).

2부 초여름

05. 징그러운 지렁이가 사랑스런 친구로

지렁이를 보면 기겁을 하는 아이들아

꼬불이 지렁아

김광철

꼬불꼬불 꼬물꼬물
나도 살아 있는 생명인데
사람들은 날 징그럽다 피해 다닌다
나도 사람들과 같이 먹고 싸고
맛있다 없다 가리지 않고 종이까지도
사람들이 버린 음식 찌꺼기도 잘도 먹는데
내가 뱉어내는 배설물은
땅을 부드럽게, 생명은 튼실하게
사람들의 식탁은 풍성하게
뭇 생명들과 더불어 함께 어우러져
내 거, 네 거 구분 안 하고
내가 줄 수 있는 모든 것 다 내 놓으니
자연은 더욱 푸르르고
사람들의 마음까지도

"아이, 선생님! 징그러워요."

지렁이 한 마리를 집어 들고 아이들 눈 앞으로 내밀자 기겁을 하며 여자아이 몇몇이 얼른 뒷걸음질친다.

"애들아, 지렁이가 그렇게 징그럽니? 아주 괜찮은 친구야."

"에이, 선생님도. 지렁이가 뭐가 괜찮아요?"

"여러분 엄마들이 예뻐지기 위해 입술에 립스틱 바르는 거 많이 보죠?"

"예!"

"그거 만들 때 지렁이 말린 가루를 쓴다는 이야기 들어 보았어요?"

"아뇨."

"립스틱을 만들 때 촉촉한 느낌이 오래 지속되라고 지렁이 말린 가루를 갈아서 사용한대요. 물론 다른 식물이나 화학 약품도 사용하지만…."

엄마가 사용하는 화장품은 여자아이들에게는 친숙하고 동경하는 물건일 수 있다. 이런 심리를 이용하여 지렁이와 화장품을 연결하면 호기심이 생겨 더 관심을 끌 수 있다.

"그리고 허준 선생이 쓴 《동의보감》이라는 한약책에도 보면 몸이 약한 사람한테 지렁이를 달여서 먹이면 몸의 기운을 북돋우고, 각종 질병을 치료하는 약으로도 사용한다는 기록이 있대요."

이런 이야기를 하면서 지렁이를 손바닥 위에 올려놓고 만지작거리면 아이들이 주변으로 모여든다.

"생긴 것은 작은 뱀같이 싱그럽게 생겼지만 지렁이가 얼마나 고마운 동물인지 알아? 지렁이는 우리가 먹다 남긴 음식물을 먹고 분해를 해주는 청소부예요. 그뿐만이 아니야. 지렁이 배설물인 분변토는 화분의 식물을 키우는 비료로서 아주 훌륭한 성분을 지니고 있어서 사고 싶어도 귀해서 못 살 정도예요."

여기까지 말해 놓고는 장난기도 좀 있고 나서기도 좋아하는 남자아이들한테 "누가 이 지렁이 집어 볼까?" 하면 서로 앞다퉈 "저요, 저요!" 하면서 나선다.

이렇게 지렁이에 대한 거부감부터 없앤 다음 여자아이들을 향해, "누가 이 지렁이 만져 볼까?" 하면 쭈뼛쭈뼛하면서도 서너 명의 아이들이 나선다. 손바닥을 벌리라고 하고, 그 위에 올려놓으면 처음에는 움칠하는 것 같아도 이내 "선생님, 약간 간질간질해요." 또는 "선생님, 꼬물거리면서 미끌거리는 느낌이 들어요." 등의 반응을 보인다.

교육 과정이 바뀌기 전에는 6학년 과학의 '여러 가지 동물들' 단원에 환형동물에 대해 학습할 수 있도록 지렁이 학습이 편성되어 있었다. 지금은 선택적으로 할 수 있게 되어 있지만….

지렁이를 키우면서 자연 친화적인 감성을 키운다

일반적으로 생태나 환경 하면 사람들은 푸른 산과 맑은 계곡,

그리고 그 물속에서 노니는 물고기들을 떠올린다. 잘 보존된 환경에 대해 이야기를 하다 보면 아이들은 이를 딴 세상 일로 받아들인다. 교과서나 그림에서만 보는 것, 또는 할아버지나 할머니가 들려주는 옛 이야기 정도로 받아들이는 것이다. 더구나 이런 연상은 외딴 시골이나 낙후된 지역의 긍정적인 면을 부각시키는 것쯤으로 치부하는 측면 역시 없지 않다.

아직도 환경교육의 대세는 후세에게 깨끗한 환경을 물려주기 위한 보전에 맞춰져 있다. 또한 환경오염은 산업의 발달로 인한 공장 폐수, 자동차 증가에 따른 공기 오염, 문명화에 따른 환경 훼손과 생태계 파괴 등을 주된 요인으로 꼽는다. 이는 학생들에게 환경오염은 자신들이 저지른 잘못의 결과라는 자책감에 빠지게 하는 측면도 있다. 또한 이런 접근 방법에는 환경문제는 우리가 노력하면 해결할 수 있고, 과학기술이 발전하면 이런 오염은 얼마든지 방지할 수 있다는 시각에 빠질 수 있다.

이런 시각을 바로 잡고, 보다 근본적이고 우리 자신의 문제로 인식할 수 있도록 생태 · 환경교육의 콘텐츠를 우리의 삶의 현장과 주변에서 가져와 교육과 학습이 이루어지게 적극 권장해야 한다.

우리 아이들은 자신이 살고 있는 아파트와 주택, 아침저녁으로 오가는 등 · 하굣길에서 생태와 환경을 떠올릴 수 없었다. 그 동안의 환경교육이 실생활과 동떨어졌기 때문이다. 아이들은 자신의 집 주방과 음식물 쓰레기에서부터 환경을 생각해야 한다. 그래야만 도시에 살면서도 생태·환경 친화적인 생활이 가능하다는 것을 깨닫는 동시에, 이른바 '생태·환경 친화적인 시민으로 사는 법'을 터득하게 될 것이다. 지렁이를 통한 음식물 쓰레기 처리나, 음식물 쓰레기 문제에 대해 관심을 가진다는 것은 나의 삶 자체를 학습의 내용과 주제로 가져온다는 측면에서 아주 바람직하다고 본다.

지렁이의 생태 습성

● 적당히 높은 온도를 좋아한다

가장 적당한 온도는 15~25℃다. 겨울에는 비닐이나 거적으로 덮어 주고, 여름에는 햇빛을 차단해 준다. 지렁이는 0~5℃에서 겨울잠에 들어가고, 0℃ 이하에서는 얼어 죽기 때문에 영하로 내려가지 않도록 잘 보살펴야 한다. 32℃ 이상에서는 성장을 멈추고, 40℃ 이상 높은 온도에서는 죽기 때문에 이를 알고 신경을 쓰면 사육하는 데 큰 어려움은 없다. 3월부터 6월까지는 성장 및 산란하기에 좋은 시기다. 여름철에는 물을 자주 주어 온도가 올라가는 것을 막고 습도를 유지해 주는 것이 바람직하다. 8월 하순부터 10월 하순까지는 지렁이의 두 번째 산란기이므로 잘 관리하는 것이 필요하고, 이후에는 점차 휴면기에 들어간다.

● 습한 것을 좋아하고, 건조한 것을 싫어한다

지렁이 체내의 수분 함수량은 약 80%이다. 따라서 사육 상자 안의 물의 함량은 60% 이상을 유지하는 것이 좋다. 매일 혹은 이틀에 한 번꼴로 반드시 물을 주어야 한다. 그렇다고 너무 많이 주지는 말아야 한다. 아래층 먹이까지 스밀 정도면 된다. 여름에는 밤에 물을 주는 것이 좋고 나머지 계절에는 낮에 주면 된다.

● 어두운 곳을 좋아한다

지렁이는 어두운 곳을 좋아해 주로 밤에 활동한다. 습도 유지와 함께 햇빛을 차단하는 것이 중요하다.

● 공기를 좋아한다

지렁이는 공기를 좋아하기 때문에 먹이를 주기 전 사육 상자의 흙을 뒤집어서 공기가 통하게 해 준다. 사육 상자 아랫부분에는 지렁이가 거의 없다. 공기가 통하지 않는 곳은 지렁이가 살아가기에 좋지 않기 때문이다.

지렁이 키우기

● 사육 상자

사육 상자는 지렁이가 사는 집이므로 쾌적한 환경을 만들어 주면 된다. 지렁이는 습도와 산소 공급이 잘되는 환경을 좋아한다. 사육 상자를 일부러 만들 수도 있지만, 과일 상자나 스티로폼 상자, 화분 등을 이용할 수도 있다. 다만 스티로폼 상자를 이용할 때는 밑에 구멍을 내어 물이 빠질 수 있게 해야 한다.

널빤지를 이용해 상자를 짤 때는 가로 90cm, 세로 40cm, 높이 50cm 정도 규격으로 짜서 경첩을 달아 뚜껑도 만들어 사용하면 좋다. 뚜껑이나 바닥, 벽에 구멍을 몇 군데 내어 통풍이 잘되게 한다.

널빤지를 이용해 만든 지렁이 사육 상자. 열고 닫을 수 있게 문도 만들었다.

● 먹이

지렁이는 수박 껍질같이 수분이 많은 과일 껍질을 좋아한다. 또 채소 찌꺼기와 감자, 호박 속, 생선, 육고기, 낙엽뿐 아니라 신문지도 촉촉하게 해 주면 먹는다. 음식물 쓰레기뿐 아니라 썩는 것은 무엇이든 먹는다. 종이, 티백, 먼지, 머리카락, 뼈나 어패류의 껍데기도 잘게 부수거나 갈아 주면 먹어 치운다.

● 먹이 주기

① 음식물은 가급적 잘게 갈아서 주는 것이 좋지만 그대로 주어도 된다. 먹이를 줄 때는 얇게 펴서 골고루 펼쳐 넣은 뒤 흙으로 살짝 덮으면 냄새도 안 나고 지렁이가 먹기에도 좋다. 보통 3~4일 지나면 다 먹으며, 두꺼운 껍질은 먹는 데 2~3주 걸리기도 한다.

② 지렁이와 분변 토양이 1000g 정도면 음식물은 200~300g 정도가 적당하다. 용기나 먹이에 따라 양이 달라질 수도 있다.

③ 요리를 했던 음식은 물에 한 번 헹궈 소금기를 빼낸 뒤 주어야 한다.

④ 너무 많은 양을 한번에 넣으면 음식물에서 발생하는 가스를 피해 다니다 용기 밖으로 나올 수 있기 때문에 주의해야 한다.

2009년 서울서정초등학교에서 키우던 지렁이 화분. '꼬불이'라고 이름 붙였다.

화분 속에 사는 지렁이. 지렁이는 먹이가 풍부하면 개체 수를 늘리고, 먹이가
부족하면 스스로 개체 수를 줄이는 등 환경에 적응해 가는 습성이 있다.

● 지렁이를 키울 때 특히 주의할 점

① 사육 상자에 습도가 충분히 유지될 수 있도록 하고, 적당한 온도를 유지해 준다. 특히 빛을 차단해 지렁이가 좋아하는 환경을 유지시켜 주는 것이 필요하다.

② 지렁이는 농약이나 비료, 화학물질 등을 아주 싫어하기 때문에 이런 물질들이 사육장에 투입되지 않도록 특히 주의해야 한다.

아이들과 함께 길렀던 지렁이

2009년 내가 서울서정초등학교에 근무할 때 당시 '에코붓다'라는 정토회 소속 환경 단체에서 지렁이 키우기 운동을 확산하고자 애를 쓰고 있었다. 그때 이 운동에 앞장섰던 양천구 여성민우회 회장을 역임한 이성미 선생의 연락을 받고 달려가서 지렁이를 분양받아 키운 적이 있다. 그때 다음 카페 '초록교육연대'의 '초등초록교육실천' 메뉴에 올렸던 내용을 퍼온다.

지난 5월 20일경 에코붓다에서 양천구의 협조를 받아 지렁이 분양을 했다. 그때 이성미 선생의 연락을 받고 달려가서 지렁이를 분양받아 가지고 와서 학교에서 아이들과 함께 키우고 있다. 에코붓다에서 이 사업을 하는 것은 빈 그릇 운동을 하면서 그래도 집 안에서 생기는 조리를 하다 남는 쓰레기 등을 처리하기 위하여 지렁이 키우기 운동을 활발히 하고 있는 것이나.

　그래서 내가 있는 학급에도 에코붓다에서 분양해 준 지렁이
를 가지고 와서 창틀에 놓고 키우고 있다. 지렁이는 먹성이 좋
아서 어느 것이나 대체로 잘 먹는다. 제일 잘 먹는 것은 수박
껍질과 같이 물기가 좀 있는 것을 좋아하는데, 지렁이 키우는
동영상을 보면 지렁이는 신문지도 먹어 치운다. 다만 염분이
들어 있는 반찬에서는 염분을 빼고 먹이로 사용해야 한다고
한다.

　지렁이는 스스로 개체 수를 조절하는 능력이 있어서 서식 환
경이 좋으면 계속 번식을 하지만 서식 환경이 좋지 않으면 스
스로 번식을 통제하여 잘 조절해 나간다고 한다. 지렁이가 음
식을 먹고 나서 배설하는 것들은 분변토라고 해서 아주 좋은
비료가 된다. 그리고 지렁이는 립스틱을 만드는 재료로도 널리
쓰이는 것으로 알려져 있다. 지렁이가 잘 번식이 되면 아이들
집으로도 분양을 해 볼 생각이다.

06. 생명의 보금자리 생태 연못 만들기

생명의 보금자리 작은 연못

초록교육연대 활동을 하거나 '환경과 생명을 지키는 교사모임' 활동을 하는 교사들 중에는 생태 연못을 만들어서 학생들과 함께 생태 학습을 하는 사람들이 있다.

연못은 삭막한 도시 학교에서 녹색 공간을 확보해 학생들에게 정서적으로 안정감을 심어 줄 뿐 아니라, 연못에 각종 수생식물을 심어 놓으면 철에 따라 꽃도 피고, 가을이면 잠자리가 넘실대고 나비도 날아들어 그야말로 생명의 보금자리가 될 수 있다. 잠자리나 하루살이, 또는 모기 등 많은 곤충이 알을 낳아 애벌레 시기를 보낼 수 있는 생명의 공간이 되기도 한다.

우리 인간 역시 어머니의 자궁 안 양수 속에서 10개월 동안 생활해서일까. 학교 한쪽에 이런 공간을 마련하면 아이들이 아주 좋아한다. 연못은 각종 생명 활동이 왕성하게 일어나는 공간이기 때문에 생명과 생태 학습 차원에서 적극 권장하고 싶다.

연못을 조성해 학습에 적극 활용하는 이로 경기도 수원의 한 고등학교에 근무하는 임종길 선생님이 있다. 임 선생님은 생태 배움터인 '도토리교실'을 운영하고 있다. 초록교육연대 활동을 하고 있는 정기훈 전 서울은빛초등학교 선생님도 있다. 나도 이들로부터 영향을 받아 생태 연못에 많은 관심을 갖게 되었다.

문래초등학교에 근무를 할 때는 개교 당시 운동장 구석에 있던 수돗가의 버려진 시멘트 홀에 두꺼운 비닐을 깔고, 진흙을 두껍게 깔아 연꽃도 심고 창포와 부들, 줄, 부처꽃 등 습지식물과 부레옥잠, 개구리밥 같은 부생식물도 키웠다. 한쪽에는 벼를 심어 가꾸기도 하였다. 그런가 하면 서정초등학교에서는 교실 뒤쪽에 실내 연못을 만들어 가꾸기도 하였다.

서울신은초등학교에 온 뒤에는 평소 식물 탐사를 다니면서 알게 된 송석천 씨가 시범적으로 저렴한 가격에 연못을 조성해 주겠다고 하여, 학교장 등과 협의해 기다랗게 지상으로 솟은 연못을 조성했다. 이 연못에는 겨울에도 물이 얼지 않고 순환하는 시설을 설치해 지금도 잘 유지되고 있다. 또한 옥상 텃밭의 흙을 파내고 그 자리에 커다란 고무 통을 앉힌 뒤 수생식물들을 심어서 작은 연못으로 이용하고 있다.

나와 함께 초록교육연대 활동을 하면서 다양한 생태 학습을 함께 하는 정기훈 선생님이 있다. 지금은 명예퇴직해 교직을 떠났지만 그 친구는 생태 연못 예찬론자다. 생태 학습 이야기만 나오면 학교에 생태 연못을 만들어서 아이들과 함께 했던 이야기들을 거침없이 쏟아 낸다.

정 선생님은 강원도 영월 구래초등학교에서 2년간 교환 교사로 근무할 당시, 그 작은 시골 학교에서 아이들과 함께 운동장 구석에 연못을 만들고 각종 수생식물을 모아 키워 냈다. 그뿐 아니라 그곳으로 내려가기 전에 근무했던 연광초등학교에서는 환경 동아리를 만들고 아이들과 함께 환경 단체인 '생태보전시민모임'에서 활동을 했는데, 그 단체 건물 마당 빈터에 아이들과 함께 연못을 만들었을 정도로 연못에 빠져 있는 친구다.

그 친구가 서울에서 최초로 개교형 혁신학교가 들어설 때 은평구에 있는 서울은빛초등학교로 자원해 가서, 제일 먼저 한 사업 중의 하나가 생태 연못 만들기였다.

학교에 생태 연못을 만들었어요

다음 글과 사진은 정기훈 선생님이 서울은빛초등학교 근무 당시 했던 활동을, 함께 근무한 김혜경 선생님이 정리해 초록교육연대 회보에 실었던 내용이다.

서울은빛초등학교 현관문 옆에 만들어 놓은 작은 연못

우리 학교는 서울형 혁신학교로 2011년 봄에 개교를 했다. 그러나 개교를 하자마자 장기 임대형 아파트 준공에 따른 수요 예측 잘못으로 개교 당시 600여 명이던 어린이들이 1100명 이상으로 늘어났다. 그렇잖아도 좁은 공간 안에 또다시 건물을 한 동 짓게 되었다. 녹지가 없어 항상 아쉬움을 느끼며 도시 아파트 단지 내의 어린이들이 가지기 쉬운 삭막한 정서와 메마른 감성을 친환경, 생태적 감성으로 바꾸어 주고자 학교 연못과 텃밭을 조성하게 되었다. 그러나 예산이 빠듯하여 고민하던 중에 저희 학교 아버지회에서 적극적으로 아버지들이 연못을 파주겠다고 하였다.

그리하여 본교 남교사 3분과 아버지 8분이 멋진 연못을 팠다. 4월 20일(토) 첫 삽을 뜰 때부터 저는 노가다 십장이 되어 "30cm만 더, 더!"를 외치며 힘들지만 즐겁게 토요일 오후 내내 연못을 팠다. 저도 아버지들도 모두 처음 파는 연못 일이나 13명이서 열심히 토론을 하며 땅이 쓸려 들어가지 않을 방법을 모색하며 작업을 했다. 자연적인 생태 연못을 만드는 것이 목적이었다.

땅을 1m 50cm쯤 파고 부직포를 깔고 방수포를 덮고 또 부직포를 덮고 흙으로 다시 덮기 시작하자 아버지들께서 '아니 열심히 판 땅을 왜 다시 묻냐'고 깜짝 놀라시던, 즐거운 일도 있었다. 흙을 30cm 덮고 수초를 심어야 한다고 말씀드리자 "아 ~ 아" 하시며 다시 열심히 흙을 넣으며 "판 흙을 다시 넣으려니 속이 아프다"는 말씀을 들으면서 서로 쳐다보며 웃었다. 마무리가 다 되고 모두 뿌듯해 하며 연못 파기 협동조합을 만들어 전국으로 돌자는 얘기를 하면서 또 한 번 웃었다.

그 후 틈나는 대로 수초를 얻어다가 연못을 가꾸어 나갔다. 연못을 조성하고 첫 시련은 수초가 뿌리를 내리지 못해 물을 정화하지 못하여 녹조류가 생기고 거품이 생길 지경이 되었다. 그리하여 양수기로 물을 퍼올려야 되는 상황이 되었는데, 하늘이 도와, 고맙게 비가 내려 주어 위기를 넘길 수 있었다. 정말 비가 고마웠다. 이렇게 비가 고마울 때가 있나 싶었다. 그 후로 3~4일 간격으로 비가 와 주어 흙도 다져져서 지금은 연못이 잘 자리를 잡고 있다.

서울은빛초등학교 아버지회 회원들이 연못을 파고 있다.

처음 만들었을 당시 연못 모습

서울은빛초등학교 연못 모습. 제법 자리를 잡고 있다.

생태 텃밭과 연못 모습

고무 통을 이용한 작은 연못 만들기

  연못은 정말 다양하게 만들 수 있다. 연못을 만들 만한 예산도 없고 만들 공간도 없을 때는 화단 구석에 큰 고무 통을 묻어서 주변을 흙과 벽돌, 또는 돌을 이용해 잘 마무리하고 찰흙으로 마감하면 어렵지 않게 작은 연못을 마련할 수 있다.

① 고무 통 바닥에 약 15cm 정도 작은 자갈들을 깐다.
② 그 위에 모래를 약 10cm 정도 깔아 준다.
③ 다시 화단 흙과 잘 썩은 퇴비를 섞은 흙을 약 20cm 정도 깐다.
④ 여기에 고운 흙을 20cm 정도 깔고 각종 식물을 심으면 된다.
⑤ 봄에 연꽃 씨를 심으면 싹이 터서 연꽃을 볼 수 있다. 뿌리를 심어도 된다.
⑥ 그 외 물가에서 많이 볼 수 있는 수생식물인 창포와 부처꽃 외에 매자기, 세모고랭이 등 다양한 사초과 식물을 심고, 벼도 함께 심으면 좋다.
⑦ 연못에 논흙을 조금 넣어 주면 논의 잡초들인 물달개비, 물질경이, 보풀 등도 자리를 잡는다. 여기에 부레옥잠, 개구리밥 등 부유성 식물도 넣어 키우면 좋고, 물방개와 물땅땅이, 물달팽이 등의 곤충이나 작은 동물들도 넣어서 기른다면 더욱 풍성한 생태 연못이 될 것이다.

연못

김광철

1학년 꼬맹이들이 다닥다닥 달라붙어
물속을 헤엄치는 버들치를
막대기로 콕콕 찔러 보지만
버들치는 '용용 죽겠지?' 하며
세모고랭이와 부들 사이로 잽싸게 내뺀다
심술이 난 녀석들 괜히 수련꽃 목만 비틀어 놓는다
이런 숨바꼭질 속에
긴장의 생명 텔레파시는 넘쳐 나고
어머니 자궁 같은 학교 연못엔
뭇 생명들과 아이들 영혼이 뒤엉켜
생기가 넘쳐 나고 있었다

07. 녹색 커튼이 드리운 교실

녹색 커튼으로 여름을 시원하게

'녹색 커튼'? 좀 생소한 용어다. 학교에서 '커튼' 하면 떠오르는 이미지는 넓은 강당에서 공연을 할 때 조명 시설을 잘 활용하기 위하여 바깥에서 들어오는 빛을 차단하고자 창문에 드리운 막의 일종이다. 그렇기 때문에 5여 년 전, '녹색 커튼'이라는 용어를 처음 들었을 때, '커튼 색깔이 녹색인가?' 했던 기억이 있다.

지금은 학교에 근무하지 않고, '자연의 벗 연구소'를 이끄는 오창길 선생님(환경과 생명을 지키는 전국교사모임(환생교) 전 사무처장)이 '환경교육'을 공부하기 위해 일본으로 유학 갔다 돌아와, 일본에서 이 녹색 커튼이 유행하고 있다는 소식을 초록교육연대 직무 연수에서 소개를 하면서 관심을 가지게 됐다. 그때 '아! 한 번 시도해 봐야겠다'라는 마음이 생겼다. 덩굴성 식물을 봄에 창가에 심으면 자라면서 그늘을 드리우게 돼 햇볕이 따가운 여름철 실내로 들어오는 햇빛을 차단해 주고, 증산작용에 의해 수분도 뿜어 주게 된다. 그리고 그 식물이 주변의 이산화탄소까지 흡수하기 때문에, 2~3℃ 정도 기온이 내려가며 냉방 효과가 나타난다는 것이다. 그러다 햇볕이 그리운 가을이 되면 자연스럽게 식물의 잎과 줄기가 말라 죽어서 실내로 햇볕이 들어와 다시 정상적인 기온으로 돌아가게 된다. 그런 효과 외에 가꾸고 싶은 작물들을 잘 선택하여 심으면 꽃도 보고 열매도 수확할 수 있어 일석이조의 효용성이 생기게 되는 것이다.

일본에서는 학교뿐 아니라 관공서나 큰 회사 건물 등에 덩굴성 식물이 드리워진 것을 흔하게 볼 수 있다고 한다. 녹색 식물이 타고 올라갈 수 있게 녹색 커튼 망과 같은 시설물을 개발해 판매하는 회사들까지 등장할 정도로 많이 일반화되어 있다고 한다.

우리나라에서도 요즘은 도심을 지나다 보면 심심치 않게 그런 건물들을 볼 수 있다. 덩굴성 식물은 건물 밑 화단에서부터 심어 올릴 수도 있고, 학교 교실처럼 창틀에 심어서 올릴 수도 있다. 나는 몇 년 전 서울서정초등학교에서 근무할 때 교실 창틀에 오이를 심어서 키운 적이 있는데, 제법 잘 자랐다. 내가 알고 있는 교사 중에는 창틀에 나팔꽃을 심기도 하고, 마를 심어서 키우는 분도 있었다. 식물은 형편대로 골라 심으면 된다.

수세미외, 여주, 제비콩 등 덩굴 작물을 키우는 모습.

녹색 커튼이 드리운 학교를 만들다

● 준비물

지름 5~8mm 정도 굵기의 나일론 밧줄(철물점 판매), 오이망
(종묘상 등에서 팖), 큰 고무 통(1×0.7×0.7m), 빵끈, 참흙(모래와
찰흙이 알맞게 섞인 흙), 유기질비료, 화학비료, 키우고 싶은 덩

굴성 작물(수세미외, 풍선초, 여주, 작두콩, 제비콩, 조롱박 등)

 ※ 건물 벽에 덩굴식물을 심어 가꿀 조건이 되는 곳에서는 건물 벽 가까이 구덩이를 파서 거름을 듬뿍 넣고 작물을 심으면 되고, 조건이 안 되면 고무 통 바닥에 구멍을 뚫어 물빠짐이 좋게 한 다음 자갈과 모래, 참흙, 거름 등을 넣어서 식물을 심고 가꾼다. 창틀에서 가꿀 때는 큰 화분을 이용해도 된다.

 ● 시설하기
 ① 운동장이나 긴 복도 등에 1~1.5m 간격으로 굵은 줄을 늘어놓고 그물망을 그사이에 놓고 빵끈 등을 이용해 묶는다.
 ② 그물망을 옥상 등 건물 꼭대기로 가지고 가서 줄과 줄 사이 틈이 벌어지지 않게 일정한 간격으로 묶는다.
 ③ 묶은 그물망을 건물 벽으로 내린다.
 ④ 되도록 건물 벽에 가깝게 바닥을 파거나 고무 통을 놓는다.
 ⑤ 그물망의 끝을 고무 통 밑에 깔리게 하여 묶는다. 또는 쇠말뚝을 박아 잘 펴지도록 하여 잡아당긴 후 단단히 묶는다.

 ● 장소 준비
 ① 큰 고무 통에 심어야 한다면 바닥에 구멍을 뚫어 물이 빠질 수 있게 준비한다.
 ② 고무 통 바닥의 구멍은 화분망이나 작은 돌멩이 등으로 막는다.

③ 모래를 10cm 정도 깐다(물이 잘 빠지도록).

④ 화단 흙과 모래를 4 대 1 정도 비율로 섞은 흙을 준비해 20cm 정도 넣는다.

⑤ 모래가 섞인 화단 흙 위에 유기질 거름을 5cm 두께로 깐다.

⑥ 유기질 거름을 넣고 다시 모래가 섞인 흙을 넣는다.

⑦ 이와 같은 방법으로 고무 통의 85~90% 정도 높이까지 흙을 채운다.

⑧ 화분이 다 만들어지면 맨 위에 복합 비료를 뿌리고 물을 뿌려 밑으로 스며들도록 1~3일 정도 놓아 둔다.

※ 고무 통 바닥에 모래를 약간 깔고, 모래와 화단 흙, 유기질 거름을 한꺼번에 섞은 다음 채워도 된다.

● 작물 심고 가꾸기

① 화단이나 준비된 고무 통에 15~20cm 간격으로 준비한 덩굴 식물을 심는다.

② 2~3일 간격으로 물을 충분히 준다.

③ 작물이 뿌리를 내리면서 덩굴을 뻗기 시작하면 빵끈을 사용해 녹색 커튼 망에 헐겁게 묶는다. 덩굴 방향은 식물이 자라는 모습을 보아 가면서 조절한다.

④ 작물이 튼튼하게 자라도록 생육 상태를 보면서 한 달에 한 번 요소 비료나 복합 비료 또는 유기질 거름을 준다.

⑤ 병충해가 발생해도 최대한 농약 사용은 자제하는 것이 좋다.

⑥ 조롱박이나 수세미외, 여주 등 열매를 따는 것이 목적이 아
　니라면 적당한 개수만 남기고 어린 열매를 따 주면 작물이
　더 잘 자란다.

※ 보통은 조롱박을 많이 심는데, 병충해에 약한 데다 다른 작
물에 비해 그렇게 잘 자라는 식물이 아니어서 썩 권하고 싶은 생
각은 많지 않다.

녹색 커튼이 드리운 교실을 만들다

　나는 학급을 맡으면 '들꽃 피는 교실'을 운영하면서 교실 창틀
을 최대한 활용한다. 창틀 안에서는 잡초라고 불리는 주변의 여
러 가지 들꽃을 가져와서 키우고, 창틀 밖에서는 고추, 강낭콩,
토마토 등을 커다란 화분에서 키우기도 한다.

　특히 교실 창에 녹색 커튼을 드리우기 위해 오이, 수세미외 등
을 창가에서 키운다. 교실 밖 화단에서 녹색 커튼을 만들 때와 방
법은 별 차이 없다. 햇볕이 잘 들지 않는 교실 창틀에서는 좀 덜
자랄 수도 있지만 남향 교실이면 식물들을 심어서 가꾸기에 큰
어려움은 없다.

　2007년 오창길 선생님이 교사들을 모아 일본의 환경교육 현장
탐방을 갔을 때, 많은 학교가 창가에 녹색 식물을 키울 수 있는
공간을 만들어 놓아 감명 깊게 보았던 기억이 있다. 학교에 따라

새로 짓는 건물의 창틀은 좀 넓게 만들어서 식물 등을 재배하기에 편하도록 짓고, 리모델링할 때는 특별히 이 부분에 신경을 써서 건축하는 것을 보고 참 바람직한 모습이라고 생각했다. 우리나라 교실들은 창틀이 좁아 큰 화분을 이용해 식물을 재배하기에는 불편함이 많다. 그렇지만 최대한 큰 화분을 마련하여 창밖으로 떨어지지 않도록 끈을 이용해 창틀 펜스에 묶어서 식물을 가꿀 수 있다.

● 준비물

통이 깊은 큰 화분, 질 좋은 화단 흙, 오이, 제비콩, 나팔꽃 등 모종, 끈 등

심고 가꾸기

① 거름이 충분한 화단 흙을 화분의 90%가량 채운다.

② 화분이 떨어지지 않도록 화분 허리를 나일론 끈 등으로 창문 펜스에 묶는다.

③ 가꾸고 싶은 모종을 심고 3일에 한 번씩 물을 충분히 준다.

④ 식물이 어느 정도 자라면 덩굴이 타고 올라갈 수 있게 창틀 위쪽으로 끈을 설치한다.

신은초에 드리운 녹색 커튼

다음 글은 2013년 6월 30일 신은초 학부모 초록 동아리 민은하 회장님이 쓴 글이다. 내가 학부모들과 함께 학교 5층 건물에 녹색 커튼망을 설치하고 난 후의 소감을 신은초 학부모 초록 동아리 카페에 올린 것을 옮겨 온 것이다.

드디어 어제 수세미가 타고 올라갈 그물망을 완성했답니다. 일일이 수작업으로 연결해서 지상 1층에서 옥상까지 연결하는 작업이 생각보다 쉽지가 않았답니다. 단기 작업이 아니라 연 3일에 거쳐 1시~6시까지 많은 분들의 수고로 완성이 되었답니다. 초록샘이 통에 흙을 일일이 외발수레로 나르시는 작업과 그물망이 부족하여 행주대교까지 다녀오시며 너무너무 수고 많으셨습니다. 유치원 아이들도 작업하는 엄마들 따라 초등학교로 귀가하여 학교에서 오랜 시간을 보냈답니다. 같이 참여해 주신 교장 선생님과 교감 선생님, 그리고 행정 쪽 담당하시는 선생님께도 감사 인사를 드립니다.

이제 남아 있는 바람은 수세미 넝쿨이 옥상까지 타고 올라가 아이들이 교실에서 생활함에 좀 더 시원하게 보낼 수 있었으면 좋겠습니다.

학교에 오고갈 때 본관 앞에 수세미에게 물도 주고 사랑과 응원의 말도 속삭여 줍니다.

수세미야. 무럭무럭 자라서 하늘 높이 오르럼.
아이들 마음도 시원하게 품어 주어서 녹색 꿈 가슴 깊이 품어 주럼.

더위에 지친 벌도 나비도 쉬었다 가며 아이들과 친구기 되어 주렴.

아이들이 높이 날 수 있도록, 크게 클 수 있도록 보듬어 주고 어루만져 주렴.

이런 간절한 마음은 비록 나의 마음만이겠는가?

서울신은초등학교 건물에 녹색 커튼을 드리우기 위해 학부모들이 녹색 커튼망 만들기 작업을 하고 있다(2013년).

내가 근무하는 서울신은초등학교는 2011년 서울형혁신학교로 문을 열었다. 그런데 학교를 지으면서 화단에 반송과 영산홍, 회양목 등 관상수를 잔뜩 심어 놓았다. 그 화단을 일구어 조롱박이며 수세미외, 작두콩, 여주 등 덩굴식물을 심는 것은 쉽지 않았다. 게다가 건물을 지으면서 폐건축 자재 등을 화단에 묻어 놓아 식물을 심고 가꾸기에 어려움이 많았다. 결국 그 대안으로 큰 고무 통에 흙을 담고 수세미외, 조롱박, 작두콩, 여주, 제비콩 등을 3년째 심고 있다.

여주나 수세미외 등은 좋은데, 조롱박은 잘못하면 병이 돌아 잎이 누렇게 될 수 있어 조심스럽다. 농업기술센터 등에 문의했더니 제비각시콩, 작두콩, 여주, 풍선초 등을 권한다. 그런데 그런 씨앗이나 모종을 구하기가 그리 녹록지는 않다.

'어떤 작물을 심으면 얼마나 높이 올라갈 수 있느냐'가 문제다. 고무 통에 흙을 넣을 때 유기질 비료와 복합비료 등을 잘 넣고 심었더니 큰 무리 없이 잘 자랐다. 모종을 사다 심어 가꿀 때는 잘 자라지만, 씨앗을 사다 심을 때는 잘 자라지 않는 경우도 있다. 씨앗들 중에 잘 여물지 않은 것들이 섞여 있어서 그럴지도 모른다. 제비각시콩이나 작두콩, 수세미외, 조롱박 등은 다른 작물에 비해 씨앗이 크기 때문에 씨앗을 사다 심어도 쉽게 싹이 잘 튼다.

교실 창틀에 오이를 심어 녹색 커튼으로 활용한 서울서정초등학교 4학년 교실(2009년)

에너지 절감, 서울시청에 녹색 커튼

　서울시청 내부에는 1층부터 7층까지 약 1516㎡ 면적에 조성된 수직정원이 있다. 이 수직정원은 유리 외벽으로부터 들어오는 햇빛을 막아 주고 실내 공기 정화, 온도 및 습도 조절 등 역할을 하고 있다. 서울시는 서초구 소재 농업기술센터 건물 유리 외벽에 이같은 '녹색 커튼'을 폭 32m, 높이 7m(224㎡) 규모로 설치했다고 11일 밝혔다.녹색 커튼은 건물 외벽이나 창문에 다양한 덩굴식물을 식재한 천연 커튼을 말한다. 이는 여름철 강한 햇빛을 차단해 실내 온도를 낮춤으로써 에너지 절감 효과가 따른다. 자연친화적 환경 조성에도 도움된다.서울시농업기술센터는 오는 11월까지 녹색 커튼을 시범 운영하고 해당 기간 동안 설치법, 덩굴식물 재배법 등을 조사·연구한다. 이를 토대로 녹색 커튼 설치를 희망하는 기관과 단체 등에 관련 기술을 전한다는 방침이다.아울러 덩굴식물마다 수직형, 방사형 등 다양한 형태로 자라는 만큼 시범 운영 기간 동안 여러 종류를 식재해 어떤 작목이 녹색 커튼에 적합한지도 선정할 계획이다. 자세한 내용은 서울시농업기술센터 도시농업팀(02-6959-9351)으로 문의하면 된다.김영문 서울시농업기술센터 소장은 "최근 여름철 에너지 절감을 위해 녹색 커튼에 대한 관심도가 높아지고 있지만 시설 설치나 재배 방법을 몰라 망설이는 경우가 많다."며 "이번 시범 운영으로 최적의 설치법 및 덩굴식물 재배법을 연구해 녹색 커튼을 확대 운영해 나가겠다."고 말했다.

뉴시스 2014. 7. 11.

3부 늦여름

08. 하천에 가면 모든 자연을 만날 수 있지요

하천은 종합적 생태 학습장

우리 환경은 우리가 보전해야

서울문래초등학교 환경사랑부 6학년 2반 김영록

나는 도림천과 안양천이 만나는 곳에서 생태 탐사를 하였다. 식물 조사를 위하여 가로 5m, 세로 5m 간격으로 나누어서 전체 25개의 구역으로 나누어서 조사를 하였다. 난 그중에서 '가1' 지역 조사를 하였다. 그곳에는 거의가 '개여뀌'밖에 없었다. 명아주 몇 그루를 더 관찰하고 난 다음, '가2' 지역에서 조사를 하고 있는 인규와 용희를 도와주러 갔다.

거기에는 다 환삼덩굴밖에 없었다. 그런데 나무가 한 그루 있어 선생님께 여쭈어 보니 '버드나무' 어린 것이라고 하였다. 그리고 나오는 길에 다른 것들을 관찰하였는데 물은 많이 깨끗해져 있었다. 아마 3~4급수는 될 것 같았다.

오늘 탐사한 일대에서는 앞에서 기록한 것 외에도 '개밀, 메꽃, 빗자루국화' 등을 볼 수 있었다. 그리고 왜가리와 비둘기, 갈매기 등의 새들도 볼 수 있었는데, 그곳에서 갈매기를 볼 거라는 것은 상상도 못했다. '아마 조금만 내려가면 한강이고, 그 한강에서 멀지 않은 곳에 서해바다가 있어서 갈매기들이 여기까지 오지 않았을까?'라는 생각을 해 보았다.

그리고 잠자리, 귀뚜라미, 방아개비, 나비 등의 곤충들도 볼 수 있어서 좋았다. 이런 탐사 활동을 하면서 친구들과 장난을 치면서 열심히 하지는 않았지만 우리 모두 환경을 보전하여 많은 동식물들이 함께 잘 살 수 있었으면 좋겠다는 생각을 해 보았다.

서울문래초등학교에 근무하던 2004년, 나는 5~6학년 학생들을 대상으로 '환경사랑부' 동아리를 조직하고는, 하천 탐사 활동을 한번 해 보자 하고 환경부와 서울시교육청이 공동 주관하는 공모에 '환경사랑부 어린이들과의 도림천 생태 조사'라는 이름으로 응모했다가 뽑혔다. 이후 지원금을 받아서 도림천 생태 조사를 했는데, 앞의 〈우리 환경은 우리가 보전해야〉라는 제목의 글은 당시 내가 담임을 맡았던 반 학생이자 환경사랑부 활동을 했던 '김영록' 군이 도림천 탐사를 갔다 온 뒤 그 소감을 쓴 글이다.

하천에는 물고기들뿐 아니라 잠자리 등 수많은 곤충이 애벌레 시절을 보내는가 하면, 이들을 먹이로 노리거나 적으로부터 보호받기 위하여 많은 새가 모여든다. 그런가 하면 하천 주변 무성하게 자라는 풀과 나무들 사이에는 수많은 곤충과 동물들이 살기 때문에 하천은 더없이 좋은 생태 학습의 장이 될 수 있다.

도림천 생태 조사는 2004년 5월부터 11월까지 진행했다.

당시 활동 주제는 '도림천 탐사 활동을 통한 서울 지역 하천의 생태 이해와 환경 의식 제고'였다. 이런 주제를 가지고 탐사 활동을 하는 목적은 다음과 같았다.

① 도림천의 시기별 탐사 활동을 통한 도시 하천의 생태를 이

해하게 한다.

② 도림천 탐사를 통한 도시 하천 개발의 문제점을 파악하게 한다.

③ 도림천 탐사 활동을 통하여 하천의 수질, 하천의 물고기, 하천의 저서생물, 주변의 동식물상의 시기별 변화를 관찰하게 한다.

④ 도림천 탐사 활동을 통하여 탐구 정신의 고양, 생태 환경의 변화에 관심을 갖고 생태, 환경 보전에 대한 의식을 제고한다.

도림천을 조사하다

먼저 안양천 하구를 제1 지점으로 하고, 안양천과 도림천이 만나는 지점을 제2 지점으로 하여, 서울대학교 옆에 있는 하천을 따라 올라가서 제4 야영장 인근까지 8개 포인트를 조사 지점으로 정했다. 그리고 교사 4명(나를 포함해 오용환, 김은미, 김두림 선생님이 조사 활동을 진행했다)이 각각 5~6명으로 편성된 4개 모둠 중 하나를 선택해 1회에 2개 지점씩 조사를 실시하여 보고서를 작성하기로 했다.

조사해야 할 내용은 그 지역의 주변 환경과 하천의 자연도 평가로, 이 활동을 할 때는 그림을 그리고, 활동이 끝난 다음 소감을 적게 했다.

그리고 매월 식생과 동물상, 수질 등을 측정하여 생태와 환경의 월별 변화를 기록하고 보고서로 작성하여 누가철을 하고, 연말에 각 지역의 계절별 생물상의 변화와 수질 환경 등의 변화를 분석하여 보고서로 작성했다.

이런 탐사 활동을 하려면 무엇보다 교사의 생태학적 소양이 필요하다. 식물이나 새, 곤충, 물고기, 저서생물 등에 대해 어느 정도 수준의 지적 능력을 갖추어야 하고, 수질 측정을 하는 기능 등도 알고 지도할 수 있어야 한다.

내가 도림천의 생태 조사를 주제로 선정하고 활동할 수 있었던 것은 '환경과 생명을 지키는 전국교사모임'과 각종 환경 단체 교육 프로그램, 언론사의 생태·환경 연수 이수, 식물연구회 활동 등을 통해 평소 이 분야에 대한 전문적 지식과 소양을 쌓아 왔기 때문이다.

물론 기초적 소양만 있어도 전문가의 도움을 받아 탐사 프로그램을 진행할 수 있고, 이렇게 여러 영역을 조사하지 않고 식물상이면 식물상, 수질이면 수질만 측정하는 활동만 해도 훌륭하다고 할 것이다.

중요한 것은 이런 활동을 통해 아이들이 자연과 친해지고, 나아가 과학적 탐구를 할 수 있는 기회를 통해 생태와 환경에 대한 지식을 쌓을 수 있다는 것이다. 물론 이 활동들 자체가 과학 교과와 연계되는 내용이기 때문에 학습에도 도움이 되지만, 무엇보다

현장 체험 학습이 약한 우리나라 학생들에게 적극 권장하고 싶은
교육 방법이다.

신림2교 아래 지점에 대한 하천 조사 보고서

1. 일시: 2004년 8월 24일 13:00~15:00

2. 장소: 도림천 신림2교 밑에 있는 하천 지역

3. 조사자
  - 아동: 박정음, 김나리, 이가인, 이예슬, 이지수, 김은영
  - 지도교사: 김광철

4. 주변 상황

가. 주요 시설물: 신대방 역사, 교각, 둔치에 있는 농구장, 돌,
  제방 등

나. 하천의 특징: 하천 가운데에는 돌이 많고 냄새가 좀 난다.
  돌에는 규조류나 갈조류 등이 끼어 있고, 물은 비교적 맑게
  보인다. 하천의 군데군데 물이 고여 있는 곳에는 녹조류가
  많이 보인다.

5. 주변 지역 조사

조사 지역을 가로 25m, 세로 25m 지역을 다음과 같이 가로
5m, 세로 5m의 방형구를 설정하여 각각의 지역의 식생을 조사
하였다.

가1	가2	가3	가4	가5
나1	나2	나3	나4	나5
다1	다2	다3	다4	다5
라1	라2	라3	라4	라5
마1	마2	마3	마4	마5

참고

(1) 아래 조사 결과의 식물명 옆에 있는 아라비아 숫자는 개체수를 나타내는 것이다.

(2) '가5'와 같이 조사 결과의 기록이 없는 지점은 하천의 물이 흐르는 지역으로 식물이 서식하지 않는 곳들이다.

- 가1: 그령2, 바랭이1, 개밀1, 개여뀌1, 서양민들레6, 제비꽃1
- 가2: 바랭이2, 좀명아주2, 비짜루국화2, 강아지풀5, 왕바랭이1, 개여뀌1
- 가4: 비짜루국화1, 왕바랭이4
- 나1: 비짜루국화12, 강아지풀30, 바랭이1, 망초1
- 나4: 왕바랭이11, 돌피2, 왕바랭이3, 참외1
- 다1: 비짜루국화22, 강아지풀12, 개밀3, 바랭이5
- 다4: 비짜루국화4, 왕바랭이4, 강아지풀2, 마디풀1
- 라1: 개여뀌1, 비짜루국화1
- 라2: 강아지풀10, 망초3, 바랭이1, 돌피1
- 라4: 비짜루국화9, 개여뀌5, 바랭이5
- 마1: 바랭이1, 비짜루국화1
- 마2: 망초13, 가시상치1, 바랭이23, 비노리5
- 마4: 비짜루국화5, 개여뀌3, 돌피2

6. 하천 자연도 조사 결과

하천의 건강성을 알아보기 위하여 얼마나 자연 하천에 근접해 있는가를 따져볼 수도 있다. 이를 위해 자연도 조사를 한다. 자연도가 높으면 생태계가 잘 보존된 건강한 하천이라 평가할 수 있다. 다음은 2004년 문래초에서 도림천 탐사 활동을 하면서 정보희 학생이 조사했던 결과표이다.

하천의 자연도 평가표

항목	0	1	2	3	4	5	평 가 척 도
1. 물막이가 있는가?	○						* 보가 없으면(5점) * 징검다리 형태의 자연석이면(3점) * 콘크리트로 된 보가 있으면(0점)
2. 주변에 나무와 풀이 많은가?	○						* 계곡 주변에 나무와 풀이 울창하면(5점) * 계곡 주변에 나무와 풀이 조금 있으면(3점) * 계곡 주변에 나무와 풀이 거의 없으면(0점)
3. 둑의 모습은 어떠한가?	○						* 나무, 풀, 암반으로 덮인 자연 제방이면(5점) * 자연 제방과 인공 제방이 섞여 있으면(3점) * 콘크리트로 되어 있고 풀이나 흙이 없으면(0점)
4. 주변에 식당, 축사가 있는가?	○						* 집이나 식당, 축사 등이 없으면(5점) * 약간 있으면(3점) * 많이 있으면(0점)
5. 둔치가 어떻게 이용되고 있는가?		○					* 자연 상태로 이용이 없으면(5점) * 밭이나 논으로 이용되고 있으면(3점) * 1/3 정도가 시멘트 포장되어 주차장, 도로 이용(1점) * 2/3 이상이 시멘트 포장되어 주차장, 도로 이용(0점)
6. 물길이 구불구불한가, 직선인가?	○						* 정비되지 않은 상태로 물길이 구불구불하면(5점) * 물길이 정비되었으나 물길이 구불구불하고 여울, 소가 있으면(3점) * 물길이 정비되어 여울, 소가 없으면(0점)
7. 물 밑은 무엇으로 되어 있는가?				○			* 바위, 자갈, 돌, 모래가 고르게 나타나면(5점) * 자갈, 모래, 진흙이 고르게 나타나면(3점) * 더러운 진흙 바닥이면(1점) * 콘크리트 바닥이면(0점)
8. 물의 상태는 어떠한가?		○					* 마시고 싶을 정도로 맑으면(5점) * 물놀이를 하고 싶으면(3점) * 물이 탁하고 냄새가 좀 나면(1점) * 하수구와 다름없을 정도로 냄새가 심하고 가기 싫으면(0점)
합 계	5	2	0	1	0	0	
총점	5						5등급

총점에 따른 자연도 기준표

총 점	등 급	자 연 도
40 ~ 33점	1	자연 상태에 아주 가까운 곳으로 인간에 의한 훼손이 거의 이루어지지 않은 곳
32 ~ 25점	2	사람의 손이 조금은 가해졌지만 자연 상태가 양호한 곳
24 ~ 17점	3	인공물과 자연 상태가 반반씩 섞여 있는 곳
19 ~ 9점	4	인공물이 많고 주변의 자연 상태가 많이 훼손되었으며 수질 상태도 좋지 않음
8 ~ 0점	5	인공물이 아주 많고 자연 상태를 알아볼 수 없을 정도로 주변이 심하게 훼손되어 있으며 수질 상태도 매우 불량함

조사표와 평가 기준표는 '환경과 생명을 지키는 서울초등교사 모임'에서 개발한 것이다.

조사 결과 신대방역 인근 지역의 자연도는 5등급으로 최하 점수를 나타내고 있다.

7. 조사 지점의 식물상 분포에 대한 특징 해석

(1) 바랭이, 돌피, 개여뀌, 왕바랭이 등 봄에는 보이지 않던 여름 식물들이 많이 서식하고 있음을 알 수 있다.

(2) 비짜루국화, 가시상치, 서양민들레, 망초, 개망초 등 귀화식물들의 분포가 봄에 비하여서 훨씬 높게 나타나고 있다. 도시 하천 주변에서는 자생식물보다 귀화식물이 우위를 점하고 있다.

8. 저서생물 조사 결과 기록

생물명	개체 수	생물명	개체 수	생물명	개체 수	생물명	개체 수
다슬기	다수	거머리	3마리	버들치 치어	4마리		

9. 조사 지역의 수질 조사 결과

측정 시각	장소	수온	pH	COD	DO	인	질소
13:30	신대방역 인근 하천	27℃	7	5ppm	5	0.1ppm	0.06ppm

※ 위와 같은 조사 내역에 대한 측정기는 과학교구사에서 판매하고 있는 수질 측정 키트를 구입해서 측정한 것이라서 그 측정치가 정확하지는 않고 비슷한 수준이다.

서울문래초등학교 '환경사랑부' 동아리(5~6학년) 학생들이 도림천에서 하천 탐사를 하고 있다(2004년).

신림2교 인근 조사를 다녀와서

6학년 2반 김은영

8월 24일 환경사랑부에서는 신림2교 근처로 하천 조사를 갔다. 그날따라 소년한국일보에서 취재를 한다고 수질 검사를 하는 것을 사진도 찍고 그랬다. 애들이랑 설명하는 포즈 등을 찍었는데, 나는 안 찍었다. 예슬이랑 가인이, 나리 등 4명이 찍었다.

조사가 끝나고 우리는 광철샘의 차로 신림2교 있는 곳으로 갔다. 시간이 많이 흘러서 먼저 점심을 먹고, 탐사를 하였다. 날씨가 무척 더웠다.

먼저 수질 검사를 하였다. 물에서는 쾌쾌한 냄새가 났다. 보기엔 깨끗해 보였는데 말이다. pH도 측정하고, DO, COD 등도 측정을 했다. 이곳의 특징은 둔치가 있는데 시멘트로 발라 놓고 농구대가 있는 것이 특징이다.

물에 사는 동물들을 찾아보려고 조금 크다 싶은 돌들을 다 뒤져 보았지만 거머리 알 같은 것들이 많았다. 그리고 녹조류와 다슬기가 많았다. 식물로는 개여뀌와 강아지풀, 비짜루국화가 많았다. 물속 생물들을 찾는 데 시간을 많이 보내어 식물은 별로 관찰하질 못하였다.

날씨가 너무 더워 짜증이 났지만 여러 가지를 알게 되어 유익한 시간이었다.

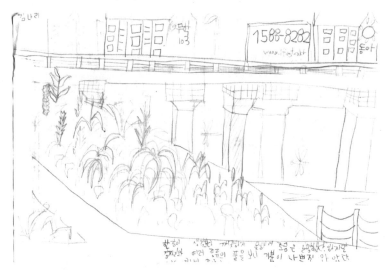

도림천 탐사 활동에 참가했던 학생이 그린 하천 모습(2004년).

하천의 수질 판정

물이 깨끗한지, 오염됐는지를 어떻게 알 수 있을까? 수질, 곧 물의 성질을 알기 위해 이화학적인 방법으로 시료를 사용하여 화학적 산소 요구량(COD)을 조사하거나 생물학적 산소 요구량(BOD) 등을 측정해 물의 급수를 판정한다. 생물학적인 방법으로는 물속에 살고 있는 물고기나 저서생물들을 이용해 수질을 판정하기도 한다.

초등학교 학생들이 하천 탐사를 한다면 이화학적인 방법보다 물속에 살고 있는 물고기나 저서생물을 채집하여 수질을 분석하는 생물학적인 방법을 이용하는 게 바람직하다. 아이들에게는 생물학적인 방법이 하천 탐사 활동을 하는 데 흥미 있는 방법이기 때문이다.

● 물속 작은 동물

작은 실개천이나 연못, 호수, 큰 강 등 물속 바닥이나 수초 주변에는 작은 동물들이 살고 있다. 조개, 새우, 곤충의 애벌레, 플라나리아, 지렁이, 거머리 등 물속에서 사는 이들 동물들은 환경의 변화에 매우 민감하다. 물이 찬가 따뜻한가, 빨리 흐르는가 천천히 흐르는가, 더러운가 깨끗한가 등에 따라 살고 있는 생물의 종류가 달라진다. 그래서 물속에 사는 작은 동물은 하천의 생태계를 이해하는 데 아주 중요하며, 수질을 알아보는 데도 널리 이용되고 있다.

● 수질에 따른 물의 사용

1급수: 오염이 없는 물, 간단한 정수 과정을 거쳐 곧바로 먹을 수 있다.

2급수: 정화해서 수돗물로 먹을 수 있고 수영을 할 수 있다.

3급수: 공업용수로 사용할 수 있으며 수영을 하고 싶지 않은 물이다.

4~5급수: 냄새가 심하며 오랫동안 접촉하면 피부병을 일으킨다.

하천 수질 등급 분류표

등급	이용 목적	BOD(mg / l)	DO(mg / l)	T-N(mg / l)	T-P(mg / l)	pH
1급수	상수원수 1급	1 이하	7.5 이상	0.200 이하	0.010 이하	6.5~8.5
2급수	상수원수 2급, 수산용수 1급, 수영용수	3 이하	5 이상	0.400 이하	0.030 이하	6.5~8.5
3급수	상수원수 3급, 수산용수 2급, 공업용수 1급	6 이하	5 이상	0.600 이하	0.050 이하	6.5~8.5
4급수	공업용수 2급, 농업용수	8 이하	2 이상	1.0 이하	0.100 이하	6.0~8.5
5급수	공업용수 3급	10 이하	2 이상	1.5 이하	0.150 이하	6.0~8.5

깨끗한 물에서 사는 작은 동물 : 1급수

엽새우   광택날도래와 집   여린꼬리하루살이

강도래   플라나리아   쇠측범잠자리 유충

조금 더러운 물에서 사는 작은 동물 : 2급수

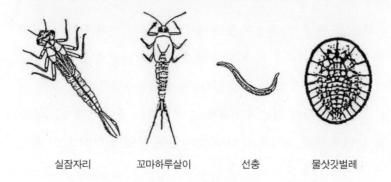

실잠자리   꼬마하루살이   선충   물삿갓벌레

더러운 물에서 사는 작은 동물 : 3급수

물달팽이   돌줄거머리   등각

아주 더러운 물에서 사는 작은 동물 : 4~5급수

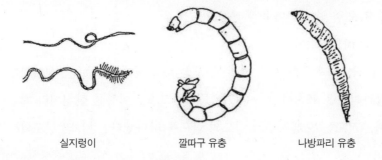

실지렁이   깔따구 유충   나방파리 유충

수질오염의 원인

좋은 물 하면 으레 생수 또는 약수를 떠올릴 것이다. 그러나 좋은 물에 대한 기준은 아직 없고 필요에 따라 어떤 성분이 많이 들어 있는가를 분석해 볼 수는 있다. 물 분자는 5각형이나 6각형 고리 모양으로 되어 있는데, 6각형 고리 모양의 물이 생체에는 좋다고 알려져 있다. 6각형 고리 모양의 물은 과일에 많이 들어 있으며, 차가울수록 많이 생겨난다고 한다.

물의 오염이란 단순하게 '순수하지 않다'만을 뜻하지는 않는다. 물의 오염 정도를 알아보기 위해서는 건강에 미치는 영향이나 생태계에 미치는 영향, 기타 인간이 물을 사용하는 필요에 따라 달라질 수 있다.

주된 수질 오염원은 크게 생활용수와 농축산 폐수, 산업 폐수로 나눌 수 있다. 물속의 오염 물질은 생물적 작용, 물리적 형태 및 화학적 성질이 문제가 된다. 오염 물질 중에는 절대 분해되지 않고 물에 남아 있거나 매우 천천히 분해되어 생태계에 심각한 피해를 미치는 것들도 있다. 물의 오염 정도를 측정하는 지표와 주요 오염 인자는 다음과 같다.

(1) pH(수소이온농도)

pH는 수용액의 수소 이온 농도를 나타내는 지표로 산성이나 알카리성을 표시한다. pH 7은 중성이고 5.6 이하를 산성이라 하며, 4정도는 오렌지주스 정도의 산도를 나타낸다. 강물의 산도와

알카리도가 높으면 플랑크톤이 살 수 없고 따라서 수생생물의 먹이사슬 구조가 끊긴다.

(2) 용존산소(DO)

물의 오염 상태를 나타내는 지표 항목의 하나로 물에 녹아 있는 산소의 농도이다. 단위는 mg/L 또는 ppm으로 나타낸다.

(3) 생화학적 산소 요구량(BOD)

수중에 포함되어 있는 유기물이 호기성 미생물에 의해서 분해될 때 필요로 하는 산소량으로 mg/L 또는 ppm 단위로 나타낸다.

(4) 화학적 산소 요구량(COD)

생물학적 산소 요구량과 마찬가지로 하천의 오염 상태를 나타내는 수치로서, 물속의 유기물 등 오염이 되는 물질을 산화제로 산화시키는 데 요구되는 산소의 양을 말한다.

(5) 질소화합물

유기질소 화합물과 암모니아태, 아질산태, 질산태의 질소화합물이 있다. 음료수의 기준은 10ppm 이하로 정하고 있다.

(6) 인산염

인산은 식물의 성장을 도와주는 원소로 평소에는 지표면을 흐르는 물속에 소량 들어 있다. 따라서 식물이 다량으로 자라기에는 부족하여 적당량의 수중 식물이 존재하게 된다. 생활하수나 산업폐수 등에 포함된 계면활성제, 조형제, 표백제, 거품제 등 합성세제에는 인산염이 많이 포함되어 있어 호수나 늪과 같은 정수 생태계의 경우 조류의 비정상적인 증식을 유발하여 물의 자정작용을 방해하고, 용존 산소를 고갈시키는 부영양화를 유발한다. 인산염의 방류수 수질 기준은 유기인은 1mg/1 이하, 총인은 8mg/1이다.

(7) 부영양화

호수, 연안 해역, 하천 등의 정체된 수역에 생활하수나 공장 폐수 또는 비료나 유기물질 등에 의해 물속에 영양염류, 특히 인산염이 많을 경우 식물성 플랑크톤이 많이 늘어나서 물속에 있는 산소를 감소시키고, 그 결과 수질이 나빠지며 결국에는 산소 결핍으로 어패류가 죽기까지 하는 현상을 부영양화라 한다. 적당한 양의 유기물질은 자연이 스스로 정화하는 능력(자정작용)에 의해 분해될 수 있다.

도림천 생태 조사 소회

도림천의 생태 조사를 할 때는 아이들과 많은 활동을 하였다. 환경부의 지원을 받고 하는 프로젝트여서 활동비를 전액 지원받았기에 부담이 없었던 것이다. 요즘 혁신학교에서 하는 활동들과 비교해도 모자라지 않을 정도로 내용은 물론 아이들의 열정도 넘쳤다. 물론 그때도 공부가 최고의 덕목이던 시대라 학부모들이 학원이나 과외가 먼저라며 아이들의 활동을 탐탁지 않아 할 때는 야속한 생각도 들었다.

아이들과 같이했던 활동이 초등학교에서 다루기에는 어려운 측면도 없지 않았다. 하지만 우리가 교육을 할 때 늘 듣던 말, '학생들의 언어로 그들의 눈높이에 맞추어 설명을 하면 아무리 어려운 이론도 다 학습이 된다'는 믿음으로 식물을 조사하고, 수질도 조사했다. 그렇다고 그 내용들을 아이들이 다 알거나 이해하지는 못했겠지만.

그런데 당시 열심히 활동을 했던 아이가 우리나라 최고라는 대학에 들어갔다며 전화를 해서는, 이런 하천 탐사 프로젝트로 논문을 쓰겠다고 말하는 걸 들으며 어릴 때 이런 활동이 아이들 장래에 크게 영향을 미칠 수 있겠다는 생각을 했다.

09. 민물고기가 사는 교실

버들치, 갈겨니가 금붕어보다 예뻐요

고기를 잡으러 바다로 갈까요
고기를 잡으러 강으로 갈까요
이 병에 가득히 넣어 가지고서
랄랄랄라 랄랄랄라 온다야

솨솨솨 쉬쉬쉬 고기를 몰아서
어여쁜 이 병에 가득히 차면은
선생님한테로 가지고 갈 테야
랄랄랄라 랄랄랄라 온다야

동요 〈고기잡이〉(윤극영 작사·작곡)는 내가 초등학교 음악
시간에 많이 불렀던 노래다. 고무줄놀이나 수건돌리기 등을 할
때도 많이 불렀다. 교사 생활을 시작하고 환경 동아리와 초록 동
아리 활동을 하면서 냇가로 우리 물고기 탐사를 갈 때 아이들과
버스를 타고 체험 학습을 가면서도 많이 불렀다.

나는 제주도가 고향이라 미꾸라지 외에는 우리나라 민물고기
를 별로 본 적이 없다. 민물고기를 실물로 처음 본 것은 서울에
올라온 뒤다.

1970년대에 교대를 졸업하고 관악구에 있는 문창초등학교로 발령을 받았다. 그곳에서 근무하던 중 보이스카우트 지도자를 하는 이 아무개 선생을 따라서 동기 교사 몇 명과 함께 유명산으로 등산 겸 캠핑을 갔다. 저녁 무렵 이 선생이 된장을 넣은 코펠에 비닐을 씌워서 어항처럼 만들더니 유명산 계곡물에 넣는 것이다. 텐트를 치고 노래도 하며 놀다 두어 시간 만에 건지러 갔는데, 비닐 어항 가득 물고기들이 들어차서 그것으로 매운탕을 끓여 먹었던 기억이 난다. 그때는 그 물고기들 이름도 몰랐다. 지금 생각하면 그곳이 1급수 맑은 비탈 계곡이라 대부분 버들치가 아니었을까 짐작할 뿐이다. 당시 나는 우리나라 계곡물에 그렇게 많은 물고기가 산다는 것이 신기할 따름이었다. 그렇지만 물고기들의 이름을 알아보겠다는 생각조차 하지 못했다.

당시는 유신 정권이 득세하던 시절이라 생태와 환경보다 개발을 통한 경제성장에 올인하던 시절이다. 자연 정화 운동이라 하여, 대통령이 나서서 쓰레기 줍는 모습을 보여 주며 계곡에서 쓰레기 줍기 운동이 고작이었다. 더구나 환경이니 공해니 하는 말만 해도 시국사범으로 몰릴 정도로 경제개발이 중요한 국가 이데올로기의 중심에 자리 잡고 있던 시절이다.

그 후 환경과 생명을 지키는 전국교사모임(환생교) 활동을 하면서 참교육 운동 차원에서 자연과 생태에 관심을 갖기 시작했고, 생태를 이해하는 활동들을 하면서 우리 민물고기에도 관심을 갖기 시작했다. 민물고기에 관심을 갖기 시작한 것은 1990년대 일이다. 당시 서울 환생교에는 중학교 생물 교사로 있는 한상훈 선생과 초등학교 정기훈 선생이 이 분야에 전문적 지식을 갖고 있어서, 우리 민물고기에 대해 관심을 갖고 공부를 할 수 있는 기회를 얻게 되었다. 생태, 환경에 관심을 갖게 되면서 당시 한겨레신문사에서 진행한 80시간짜리 생태 환경 지도자 양성 과정을 이수했는데, 우리나라 민물고기 연구의 최고 권위자인 최기철 박사의 강의를 들으면서 이 분야에 빠져들게 되었다.

환생교 연수와 환경 단체 등에서 실시하는 생태 연수에 참가하면서 하천 생태를 우리 민물고기의 서식 환경과 관련지어 공부할 수 있는 기회를 많이 갖게 되었다. 아는 만큼 관심도 더 가서 급기야 아이들과 함께 민물고기 탐사 체험을 하고, 그렇게 채집한 물고기들을 교실 어항에서 기르면서 아이들에게 우리 민물고기에 대해 관심을 갖고 사랑할 수 있는 계기를 마련해 주게 되었다.

민물고기, 의외로 키우기 쉬워요

해마다 5, 6월이면 나는 환경 동아리나 초록 동아리, 또는 담임을 맡고 있는 학급의 아이들과 함께 민물고기 탐사 및 채집을 간다. 1995년 서울신성초등학교에 근무할 때부터 시작해 현재까지 20여 년 계속해 오고 있다. 요즘은 채집 활동보다는 민물고기 가게에 가서 몇 종을 사들고 와서 아이들과 함께 기르면서 관찰 활동을 한다. 어항은 서울신성초등학교에 근무를 할 때 개인적으로 구매한 것으로, 학교를 옮기거나 학급을 옮길 때마다 가지고 다니면서 민물고기를 키우기 때문에 나의 중요한 생태교육 활동의 한 영역으로 확고하게 자리를 잡고 있다. 민물고기를 구매해서 키우고 싶으면 인터넷에 관련 검색어로 검색을 하면 판매처 등의 정보를 알 수 있다.

민물고기는 관상어보다 키우기가 무척 쉽다. 한두 달에 한 번 물만 잘 갈아 주고, 먹이는 닷새에 한 번 정도만 적당히 주면 의외로 잘 살기 때문이다. 물론 기포 발생기를 장치해 주면 더욱 잘 살지만 피라미나 돌고기, 갈겨니, 버들치, 붕어, 각시붕어, 종개, 미꾸리 같은 물고기는 한 어항에 개체 수만 많이 집어 넣지 않는다면 기포 발생기나 거름 장치가 없어도 큰 어려움 없이 잘 키울 수 있다.

서울신은초등학교 6학년 열매반 교실에 설치되어 있는 민물고기 어항(2015년)

흔하게 만날 수 있는 우리나라 민물고기

① 내의 상류나 계곡에서 살고 있는 물고기들: 버들치, 금강모치, 연준모치, 버들개, 열목어 등은 계곡의 상류, 차갑고 용존산소가 풍부한 곳에 서식한다. 생화학적 산소 요구량(BOD)이 1~2ppm인 1급수 맑은 물에 주로 서식을 한다.

② 하천의 중류 지역에 많이 살고 있는 물고기들: 갈겨니, 피라미, 모래무지, 돌고기, 종개, 참종개, 세코미꾸리, 꺽지, 퉁가리, 밀어, 돌마자, 쉬리, 누치 등 많은 종의 물고기가 넓은 내의 중류나 내에서 큰 강으로 흘러드는 지점 등에 많이 서식을 한다. 주로 BOD가 3~4ppm 정도인 2급수 물에서 서식을 한다.

③ 넓은 강이나 강의 하구에 살고 있는 물고기들: 붕어, 잉어, 납자루, 각시붕어, 쏘가리, 메기 등은 넓은 강에 주로 서식을 하며, BOD가 5~6ppm인 3급수의 물에 서식을 한다.

④ 논바닥 등에 서식하는 물고기들: 붕어, 납자루 등은 둠벙이나 연못 같은 곳에도 서식하고, 미꾸라지나 미꾸리 등은 논바닥이나 물웅덩이에 많이 산다.

퉁가리

참마자

얼룩동자개

피라미(혼인색을 띤 수놈)

민물고기 채집

● 족대로 잡기

① 2인 1조가 되어 한 사람은 물이 흐르는 수로나 냇가 가장 자
리 등에 족대를 대고, 다른 한 사람은 위쪽에서 발을 굴러 물
고기들을 족대 쪽으로 몬다.

② 물고기들이 몰려 왔다 싶으면 재빨리 족대를 들어 올려 그
물 속에 갇힌 물고기들을 잡아 채집통에 넣는다. 이때 족대

의 손잡이 쪽은 위로 들고 끝은 내의 바닥에 닿도록 하고, 물고기가 들어오는 방향으로 넓게 역삼각형 모양처럼 펴야 한다.

③ 달뿌리풀 같은 물풀이나 작은 버드나무 군락 등 냇가 식물이 있는 곳에 물고기가 모여서 쉬고 있으므로 족대 끝을 대고 흔들면서 들어 올려 물고기를 잡기도 한다.

④ 냇가 가운데 자리한 굵은 바윗덩어리를 흔들어서 바위 밑에 숨어 있는 물고기들이 놀라서 나오도록 한 뒤 잡기도 한다. 바위 밑에 숨어 사는 꺽지나 퉁가리, 참종개 등을 잡기 좋다.

● 어항으로 잡기

① 수족관이나 낚시 도구를 파는 가게에서 물고기를 잡을 수 있는 어항을 산다. 이때 떡밥도 함께 구매한다.

② 어항 속에 떡밥을 뭉쳐서 넣어 둔다.

③ 물고기가 많이 모이는 냇가 풀숲 또는 큰 바위 밑에 떠내려가지 않게 잘 설치한다.

④ 물의 흐름을 거슬러 올라가는 물고기의 속성을 이용하려면 물이 흐르는 반대 방향으로 어항의 입구가 향하도록 설치한다.

⑤ 2~3시간 후에 가서 어항 속에 들어 있는 물고기를 잡는다. 어항은 피라미나 갈겨니, 돌고기, 붕어 등 물에 떠다니는 물

고기를 채집하기에 알맞은 도구다.

● 투망 또는 낚시로 잡기

① 우리나라 대부분 하천에서는 투망을 이용해 물고기를 잡는 것을 금지하고 있다. 한꺼번에 많은 양의 물고기를 채집함으로써 하천 생태계가 파괴되는 것을 막기 위한 조치다.

② 전문적으로 물고기를 잡는 사람들은 그물을 설치하여 잡기도 한다.

③ 낚시로 잡기도 하지만 물고기의 몸에 상처가 날 수 있어 어항에 넣고 기르려면 피해야 한다.

경기도 가평 승안리 계곡에서 민물고기를 잡으며 즐거워하는 아이들(초록교육연대 여름 캠프, 2010년)

민물고기 키우기

● 필요한 도구

① 어항: 어항은 60~90cm 정도 크기의 것을 구매하는 것이 좋다. 너무 크면 관리하기가 어렵다. 모양은 직사각형이 좋다.

② 기포 발생기: 기포 발생기의 종류는 다양한데, 소음이 적고 기포가 많이 발생하는 것이 좋다. 수족관에서 추천해 주는 것을 사는 게 무난하다.

③ 여과기: 여과기의 종류도 여러 가지인데, 비용이 저렴하고 설치가 쉬운 저면 여과기를 설치하는 것이 좋다. 여과기를 바닥에 설치하고 여과재를 덮고 공기 튜브와 기포 발생기를 끼우면 된다.

④ 모래와 자갈: 모래는 어항을 설치할 때 필수품이다. 여과기의 기능도 하지만 미관상 필요하다. 굵은 모래가 좋다. 수족관에서 팔기도 하지만 냇가에서 퍼 오는 것도 괜찮다. 수족관에서 흰 자갈과 검은 자갈을 사 와도 되고, 냇가에서 가져와 자연스럽게 꾸미는 것도 좋다.

⑤ 수초와 조명 기구: 어항에서 수초가 하늘거리면 보기도 좋고 아름답다. 그러나 햇빛이 들지 않은 어항에서 수초를 키우는 것은 쉽지 않다. 조명 기구를 설치하면 수초가 광합성을 하는 데 도움을 줄 수도 있다. 수초와 조명 기구까지 갖추는 데는 돈도 많이 들고, 관리에도 힘이 들기 때문에 굳이 수

초와 조명 기구를 설치할 것을 권장하지는 않는다. 꼭 필요하다면 먼저 수족관에 가서 상담해 보자.

● 키울 때 주의해야 할 점

민물고기 중에는 물 가운데에 떠서 사는 종과 물 바닥에 붙어서 서식하는 종이 있는데, 이런 종을 섞어서 키우는 것도 바람직하다. 어항 1개에 3~7마리 정도 키우는 것이 좋다.

개체수가 너무 많으면 물고기들끼리 영역 싸움을 할 수도 있고, 쉽게 물이 오염되어 관리가 어렵다. 먹이는 수족관에서 파는 것을 구매하여 사용하면 되고, 3~4일에 한 번 조금만 준다. 물고기들이 다 먹지 못하면 물이 오염될 가능성이 많기 때문이다.

물고기는 먹이를 자주 주지 않아도 쉽게 죽지 않는다. 너무 자주 먹이를 주면 오히려 물이 오염되어 물고기들의 건강에도 좋지 않다. 어항에 처음 물고기를 넣은 후 2~3일간은 적응 기간을 가질 수 있도록 가급적 먹이를 주지 않은 것이 좋다.

물을 갈 때는, 수돗물의 경우 받아서 하루 정도 지난 다음 가는 것이 좋다. 수돗물 속에는 염소 등 소독약이 들어 있기 때문이다. 냇물이나 샘물은 그대로 사용해도 된다.

민물고기 탐사를 다녀온 후

민은하(신은초학부모초록 동아리 회장)

사실로 말하자면, 민물고기는 어린 시절부터 낯설지가 않았다.

여름이 되면 친구들과 냇가에서 멱을 감으며 하루 종일 놀던 그 시절이 뭉게구름처럼 피어오른다. 튜브가 없어도 ⋯ 물안경이 없어도 ⋯ 우린 시간 가는 줄 모르고 해가 뉘엿뉘엿 저물어 가면 ⋯ 그때서야 집에 돌아갔으니⋯.

물론 이름은 송사리, 붕어, 미꾸라지, 피라미, 모래무지 등이 전부이지만 ⋯ 어린 시절 농번기의 한가한 시간을 이용해 아빠와 오빠들이랑 냇가로 물고기를 잡으러 가던 추억은 지금도 생생하다.

아빠랑 오빠들은 최전방에서 협력공수로 풀숲을 발로 디디며 물고기를 잡고, 나는 흔히 말하는 바깨스를 들고 그 옆에서 종종 뒤따르던 기억, 그리고 어쩌다가 물고기를 잡은 통을 엎으면 오빠들의 매서운 눈초리를 한 몸에 받고, 그 대가로 알밤 한 대 얻어맞고 울면 아빠가 달래주던 기억 ⋯ 그리고 몇 번의 그물질로 다시 고기 잡은 통이 가득 차면 아빠가 대단한 기술을 보유한 양 자랑스럽고 최고인 양 우쭐대던 기억 ⋯ 마침 아는 동네 아이들을 만나면 큰 유세를 부리듯이 이쁜 거 골라 가지라고 허세를 부리며 으스대던 그 꼬맹이가 어린 시절의 나의 모습이다.

그물에 잡은 물고기가 펄쩍 뛸 때마다 햇빛에 유난히 반짝이던 그 은빛 빛깔의 무늬가 생생히 기억나는 것은 나만의 추억의 앨범 속에 고이 담겨 있기 때문이기도 하다.

아빠가 잡은 물고기로 깻잎을 잔뜩 넣고 끓인 어죽을 바람이 솔솔 불어오는 대청마루에 온 식구가 둘러앉아 맛나게 먹던 그 시절의 그 맛이 지금도 잊을 수가 없다.

그땐 강의 소중함도 모르고, 물의 소중함도 몰랐다.

어릴 땐 다 그리 노는 줄 알았고, 모든 아이들이 우리처럼 지내는 줄 알았다. 하지만 도시에서 자란 남편하고 이야기를 하다 보면 같은 세대이면서도 다른 세상 사람인 양 느껴진다. 나의 어릴 적 이야기를 하면 시아버님 어린 시절 이야기랑 비슷하다고 하며, 촌에서 태어나 자기 만나 서울 산다며 출세했다고 놀린다. 그 놀림이 혹시 부러움의 질투가 아닐는지….

그 옛날의 그 추억은 지금도 흐르고 있는 것일까?

조개를 줍던 그 수로는 제방을 쌓아서 바닥과 양쪽 측면이 콘크리트로 되어 있고, 간혹 너구리나 오소리, 고라니들이 빠져도 나올 수도 없고 구해 줄 수도 없다. 어린 시절의 나의 모습은 이젠 찾기 힘들다. 아니, 힘든 것이 아니라 아예 사라져 버려 할 수가 없다.

시냇물이 굽이굽이 흐르던 물줄기는 이젠 아무도 찾지 않는 공터가 되어 가고 있다. 아이들의 웃음도, 어른들의 추억도 우린 어디에서도 찾을 수 없다. 우리 아이들이 자라면서 바람이 있다면, 그리고 내가 해 줄 수 있는 것이 있다면, 그건 추억이 많은 아이로 키우는 것이다.

사실 이번 민물고기 탐사는 아이들의 체험활동이라지만 어른들이 더 신이 난 듯하다.

여벌의 옷도 준비하지 못했는데도 과감히 냇가로 돌진한 세진 맘과 다인 맘, 물고기 잡기보다는 그냥 멱을 감는 것이 주목적이었던 우리 예린이, 옛날 실력 발휘하신다며 온몸 헌신하시던 호경이 아빠와 하율이 아빠, 풀숲에 족대를 들이대기만 해도 한 건은 능히 해내시는 정기훈 선생님, 그리고 아쉬움이 남아 방학 때 우리 한 번 더 오면 안 되냐고 묻던 이름 모르는 6학년 여자아이….

점점 사라져 가는 우리 맑은 물과 물고기들….

갈겨니의 비단무늬 혼인색과 어름치의 산란 탑을 우리의 손자들이 볼 수 있도록 인간 중심의 발전보다는 자연 속에서의 낮은 자세가 지금은 절실히 필요한 때인 듯하다.

이날 수고해 주신 초록샘과 아이들과 이런 학습 체험의 시간이 그리웠다는 정기훈 선생님, 그리고 다른 여러 선생님들과 초록 어머니들, 아이들 너무 감사하다는 인사의 말씀을 드린다.

우리 한 폭의 추억 또 같이 만든 거지요?

10. 잠자리 잡고, 나비 쫓고

도감을 이용한 잠자리와 나비 공부

초등학교 아이들은 자연 속으로 나가면 가만히 있질 못한다. 물을 만난 물고기처럼 자유롭게 뛰논다. 뛰놀지만 그냥 뛰놀지 않는다. 만만한 나비와 잠자리 등의 곤충을 잡으려고 기를 쓰고 쫓아다닌다.

잠자리채 하나 들면 온 들판이 다 내 차지인 셈이다. 곤충을 쫓는 데는 남녀 구분도 없다. 원시시대부터 먹이를 찾아 온 들판을 휘젓고 다니면서 사냥을 했던 본성이 인간의 유전자 속에 너무 깊게 각인되어 있는 것이다. 아이들 중에는 그런 생명을 잡아서 잔인하게 죽이거나 괴롭히며 동물들이 고통받는 모습을 보면서 쾌감을 느끼는 폭력성을 보여 주기도 한다. 내면에 흐르는 기질이거나 태아 때부터 커 오는 과정에서 축적된 사물에 대한 공격적 성향의 표현인지는 모르겠다.

그런 아이들을 가만히 들여다보면 잠자리를 잡고 나비를 잡는 포획 행위 자체가 목적일 뿐이다. 그걸 잡아서 어디에 이용하겠다는 특별한 이유가 없다. 재미있는 놀이, 그 자체인 것이다. 이런 아이들에게 생명의 소중함, 외경심을 심어 줄 수 있다면 얼마나 교육적으로 바람직한 일일까?

다음 사진과 글은 내가 '신은초 학부모 초록 동아리' 카페에 올렸던 것이다. 2013년 8월 마지막 수요일 1~3학년 초록 동아리 아이들과 학부모들이 학교 인근에서 잠자리와 나비 등 곤충들을 채집하고 학교 근처 팔각정에서 곤충 도감을 뒤지며 채집한 곤충들의 이름과 특징, 습성을 찾는 내용이다.

서울신은초등학교 초록 동아리 아이들과 학부모 초록 동아리 회원들이 곤충 도감을 보며 채집해 온 곤충을 확인하고 있다(2013년).

8월 마지막 주 수요일, 그러니까 8월 28일에는 1~3학년 생태 학습이 있었다. 엄마들과 아이들이 모였는데, 10여 명이 모였다. 많이 모이질 않아서 신명은 나질 않았을런지 모르지만 소수 정예라 해야 하나? 다들 진지하고 열심히 참여하는 모습이 보기 좋았다.

이번 주제는 곤충으로 잡았다. 그건 이 시기가 곤충들이 활동하는 데 최적기이기 때문이다. 곤충들을 제일 많이 만날 수 있는 계절이라서 그렇다. 이런 기회를 놓치면 또 한 해를 지나야 하기 때문이다.

나는 생태 학습을 진행하면서 매번 실험을 하고 있다.

이번에는 학부모들과 함께 공부를 하는데, 곤충에 대하여서는 내가 그리 잘 아는 분야가 아니기 때문이다.. 아이들과 함께 포충망을 이용하여 채집은 하고, 글샘터에서 빌려온 도감을 엄마들한테 나누어 주고 아이들과 함께 찾으면서 공부를 하는 것이다.

다들 진지하고 열심히 하는 모습이 참 보기 좋았다. 엄마들은 '내가 어릴 때, 이렇게만 공부했으면 전교 일등도 놓치지 않았을 것이다.' 하면서 한바탕 웃기도 한다.

자식이 무엇인지, 자식들이 공부를 한다니까 엄마들도 아이들의 세계로 돌아가서 이렇게 열심히 하고 있는 것이다. 이렇게 도감을 스스로 찾으면서 의문나는 것은 담당 교사한테 질문도 하고, 교사는 모르면 잘 모르겠다고 인정을 하고 엄마들과 함께 도감을 뒤지면서 공부하는 모습을 상상해 보라. 이런 방식으로 공부를 하면 알지 말라고 해도 알게 되고, 공부한 내용들이 머리에 와서 콕콕 박히지 않겠는가?

이렇게 공부한 엄마들도 흐뭇한 표정들이 역력했다.

글을 올린 다음 날, 다른 일정 때문에 늦게 참가한 3학년의 한 엄마는 다음과 같은 댓글을 남겨 아쉬움을 표하기도 하였다.

"이날 거의 마지막 시간에 와서 잘 몰랐는데 이렇게 사진으로 확인하니 지각한 게 넘 아쉽네요… 담엔 시간 맞춰 꼭~~ 가겠습니다^^ "

곤충 채집과 관찰 기록하기

그동안 나는 환경교육 단체와 시민 단체, 교사 단체 등에서 실시하는 교사 연수나 비이오블리츠(시민과 전문가가 모여 제한된 시간 동안 탐사 지역 내에 살아 있는 대상을 조사하는 활동) 등 곤충과 관련한 행사에 여러 차례 참가했다. 하지만 곤충은 워낙 종이 많은 데다 세부적으로 들어가면 분류가 어려울 뿐 아니라, 식물처럼 한 곳에 머물러 있는 것도 아니어서 공부하기 쉽지 않은 분야다.

특히 밤이면 날아드는 각종 나방은 전문 학자들도 일일이 다 분류해 내지 못한다. 우리나라에 서식하는 잠자리만 해도 수십 종이 될 정도로 학습하기 어렵다.

 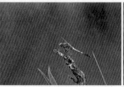 

깃동잠자리   밀잠자리   날개띠좀잠자리

교사들 대부분이 곤충을 체계적으로 공부할 기회가 없기 때문에 '저건 나비, 저건 잠자리' 정도만 알지, 잠자리 중에서도 저게 '된장잠자리인지 밀잠자리'인지 구분할 줄 아는 교사는 흔하지 않다. 생물 분야가 다 그렇긴 하지만 교사 양성 과정에서도 현장에

나가 다양한 종을 채집하고 분류해 본 경험이 없기 때문에 당연한 일인 것이다.

그렇다고 학생들에게 이 분야의 학습을 포기하라고 할 수도 없다. 기초과학 분야이기 때문이다. 우리나라 학생들은 대부분 자연 관찰 활동을 야외 현장에서 하지 않고, 책이나 영상 매체를 통해 접하는 수준이다. 당연히 실물에 취약할 수밖에 없다. 이런 기초과학 분야의 학습 토대가 마련되어 있지 않기 때문에 흥미를 갖고 연구하는 학자들도 제한적일 수밖에 없다. 돈벌이도 되지 않는 분야라서 더욱 그렇다.

곤충을 미래의 식량 자원 또는 관광 자원으로 주목하는 것은 이미 세계적인 흐름이다. 생태 환경을 공부하는 차원만이 아니라 산업적인 면에서도 이 분야 연구가 더 활성화될 수 있도록 초·중·고등학교 교육과정에서 교육적 바탕이 더욱 튼튼하게 자리 잡을 수 있도록 관심을 가져야 할 분야라고 여겨진다.

내 친구 잠자리 관찰 기록장

제 학년 반 이름(   )

내 친구의 모습 그리기	관찰할 부분	관찰한 내용
	머리 모양	
	가슴 모양	
	배 모양	

내가 지은 이름	그렇게 지은 까닭	도감에서 확인한 이름
관찰하고 난 소감		

위의 관찰 기록장처럼 곤충 관찰 기록장을 만들어서 채집한 곤충들을 자세히 관찰한다면, 시간은 걸릴지 몰라도 학습 효과는 높을 것이다.

2014년 8월 말 서울 은평구에 있는 '생태보전시민모임'에서 안내장이 왔다. 국립생물자연관 김태유 박사와 함께하는 곤충과 관련한 바이오블리츠 행사가 있으니 관심 있으면 참가하라는 것이었다. 마침 시간이 나서, 부랴부랴 지하철과 버스를 갈아타고 찾아갔다.

디지털 기기를 이용해 즉석에서 조사 결과와 사진을 올리는 방법에 대해 교육을 했지만 참가자 대부분이 회원으로 가입되어 있지 않아 이용할 수 없었다. 나도 마찬가지였다. 나는 현장으로 나가 사진이라도 열심히 찍어서 공부할 요량으로 접근했지만 워낙 참석자가 많아 그것도 여의치 않았다.

먼저 이말산(서울 은평구에 있는 야산)에서 볼 수 있는 곤충들을 슬라이드로 사전 학습을 하고 현장으로 나갔다. 현장에서 평소에는 관심 있게 보지 않았던 귀뚜라미도 종류가 여럿 된다는 말에 놀라기도 했다.

이말산에서 만났던 곤충들

| 은줄표범나비 | 모메뚜기 | 팥중이 |
| 날베짱이 | 얼룩매미나방 | 미국선녀벌레 |

현장에서는 김 박사가 앞장서서, 눈에 보이는 곤충을 잡아서 설명하는 것을 들으면서 탐사 활동을 한다. 그렇다고 곤충학자들이 연구하는 것처럼 포르말린 같은 독성 성분이 들어 있는 삼각

통에 곤충을 포집하거나 하는 활동은 하지 않았다. 연구가 목적이 아니라 생태계의 한 구성원으로서 곤충에게 다가가는 것이 목적이기 때문이다. 환경 단체들은 원래 동식물을 훼손하면서까지 행사를 진행하지는 않는다.

효과적인 곤충 학습을 위한 몇 가지 활동

도시인, 특히 여성 가운데 곤충 기피증이 도를 넘은 경우가 많다. 초등학교 아이들이라고 다르지 않다. 이런 아이들에게는 먼저 곤충에 대한 두려움과 기피증을 없애는 활동부터 시작하면서 접근해야 한다.

● 곤충과 친해지기

올챙이, 지렁이, 누에 등을 키우면서 그들을 자주 손바닥 위에 올려놓거나 얼굴, 머리 등에 올려놓고 거울을 보거나 친구들과 서로 마주 보면서 스스로의 모습을 살펴보거나 상상해 보도록 한다. 곤충은 결코 두려운 존재가 아니라 함께 어울려 살아가는 친구라는 친밀감을 갖도록 하는 것이 곤충 학습에 앞서 우선되어야 한다.

● 곤충 사육

누에, 귀뚜라미, 장수풍뎅이 등 요즘은 애완용 곤충이 많기 때문에 이들 중 관심 있는 종을 선택하여 키워 봄으로써 곤충에 대해 친밀감을 갖는 것이 무엇보다 중요하다.

● 곤충 보물찾기

이렇게 곤충들에게 친밀감이 생기면 곤충을 찾아 나선다. 곤충들은 저마다 서식지가 다르다. 흔히 알고 있는 땅 위에서부터 땅속, 나무줄기와 가지, 잎에도 살고 물에서도 산다. 다른 곤충에 기생해서 살기도 한다. 이 점을 확인하면서 곤충들이 어디에 서식하는지 찾도록 하는 보물찾기 활동을 통해 자연스럽게 서식 환경과 먹이, 생활 습성 등을 학습해 갈 수 있다.

● 곤충 관찰하고 그리기

아이들에게 마음에 드는 곤충을 하나 고르라고 하고 앞에 소개한 관찰 기록장 등에 직접 그려 보게 하면 곤충의 특성을 더욱 자세히 관찰하고 익히는 학습이 된다. 이런 과정에서 집중력도 높아진다.

● 곤충 캐릭터 만들기

곤충을 관찰하며 그리면서 캐릭터처럼 단순한 선과 간단한 이미지로 표현해 본다면 곤충이 갖고 있는 특징과 습성을 더욱 잘 알게 될 것이다. 이런 과정을 통해 관찰력과 더불어 창의력도 길러진다.

● 곤충 친구에게 편지 써 보고 시 지어 주기

식물 학습을 할 때와 마찬가지로 친구로서 사귀면서 편지도 쓰고, 대화록을 쓴다든가 일기 등을 쓰다 보면 곤충과 더 친해질 수 있다. 많이 알수록 그들의 생명을 존중해야겠다는 생각을 갖지 않을 수 없는 것이다.

호랑나비 애벌레의 귀여운 모습

곤충의 구조

사람은 몸속에 뼈가 있지만, 곤충은 피부가 뼈인 외골격 형태로 되어 있다. 곤충의 몸은 머리, 가슴, 배의 세 부분으로 구분된다

머리는 1쌍의 더듬이와 1쌍의 겹눈, 3개의 홑눈과 입틀로 구성되어 있다.

가슴은 앞쪽으로부터 앞가슴, 가운데가슴, 뒷가슴인 3개의 마디로 나뉜다. 각 가슴에는 다리가 1쌍씩 있고, 가운데가슴과

뒷가슴에는 날개가 1쌍씩 붙어 있다.

배는 원칙적으로 12마디이나 뒤쪽 부분 마디는 퇴화하거나 다른 기관으로 변형된 것이 많아 일반적으로 9~11마디로 보인다.

곤충의 생존 전략

제 몸과 빛깔이나 무늬가 비슷한 곳을 찾는다.
몸의 윤곽을 흐리게 한다.
좋은 은신처를 만든다.
제 몸을 꾸며 위장을 한다. 새들을 놀라게 하는 뱀이나 독수리, 족제비 등의 눈알 무늬를 하기도 한다.

곤충 공부가 중요한 까닭

1. 곤충은 동물종의 70% 정도에 이를 만큼 지구상에서 가장 많은 종을 가진 생물이다.
2. 곤충은 생태계의 평형을 유지하기 위해서도 필요하고, 종 다양성 면에서도 적극적으로 보전하고 연구해야 한다.
3. 곤충은 지구상 어느 곳에서나 존재한다. 땅, 물, 공기, 심지어 우리가 먹는 음식에서도 볼 수 있다.
4. 곤충은 인간의 삶과 아주 밀접한 관련을 갖고 있다. 질병의 매개자이기도 하지만 질병 치료제나 식량으로도 이용되며, 농업에서 해충의 천적 노릇도 한다.
5. 곤충은 학습하는 재미가 있는 영역이다. 곤충을 보면 기겁

을 하는 사람이 많은데, 먼저 곤충과 친해지도록 자주 보고 관찰하며 두려움을 없애는 것이 필요하다.

4부 가을

11. 고구마를 심고 쪄 먹어 봤나

고구마 쪄 먹기

나는 해마다 아이들과 함께 학교 텃밭이나 주말 농장을 빌려서 고구마를 심고 가꾼다. 가을이 되면 그 고구마를 함께 수확해서 쪄 먹기도 하고, 튀김을 만들어 먹기도 한다. 고구마를 싫어하는 아이는 별로 없다. 그 달콤한 맛 때문인 듯하다. 2014년에도 서울신은초등학교에서 1학년 담임을 맡자 봄에 아이들과 함께 학교 옥상 텃밭에 고구마를 심었다. 그리고 가을에 캐서 쪄 먹으면서 아이들과 함께 시를 한 편 지어 보았다.

> 고구마 쪄 먹기
> 서울신은초등학교 1학년-열매반
>
> 수돗물로 목욕시킨 고구마를
> 찜질방 솥에 집어넣어
> 부글부글 계속 끓인다
> 고소하게 익어 가는 냄새
> 까맣게 타는 매캐한 냄새
> 방 하나 가득 넘쳐 난다
> 솥뚜껑을 열고 콕 찌르며

"너 익었니?" 했더니

"아야, 아파!" 소리친다

어깨짝반 형님께

편지와 함께 보냈더니

빙그레 웃으면서 "고맙다"고 하신다

고구마에 얽힌 유년 시절 이야기 한 토막

나는 어렸을 때, 고향 제주도에서 부모님을 도와 농사일을 많이 거들었다. 그중에서도 고구마 농사에 얽힌 기억들은 잊을 수가 없다.

초등학교 4학년 때 일이다. 밤 12시가 다 됐는데 부모님께서 우리 형제들을 깨웠다. '절감'이라 하여 고구마를 썰어서 말린 것이 비에 젖기 전에 거두어들이기 위해서였다. 절감은 주정 원료로 농협에서 수매를 해 갔다. 당시는 돈이 되는 작물이 별로 없던 시절이라 목돈을 만들기 위해 가을이면 고구마를 썰어서 말리는 게 일이었다. 지금이야 다 귤밭으로 바뀌었지만 당시는 그 밭에 고구마, 참깨, 조, 콩, 밭벼 등을 심었다. 그중 고구마는 썰어서 잘 말려야 돈이 된다. 그 돈으로 아이들 학교도 보내고, 살림에 필요한 것들도 살 수 있었다. 부모님께서는 이러저러한 농사를 많이 지으셨는데, 그중에서도 고구마 농사를 제일 많이 지었다.

그런데 절감은 곰팡이가 피거나 색깔이 좋지 않으면 제값을 받을 수 없다. 특히 비라도 맞으면 거의 팔지 못할 만큼 가격이 낮아진다.

소규모로 말려서 거둬들이는 것이라면 집 마당에 멍석이나 거적 같은 것을 깔고 널었겠지만, 당시 우리 집은 고구마 농사를 대규모로 지었기 때문에 절감 양도 어마어마해 밭에 흩뜨려서 말렸다.

그런데 한밤에 갑자기 빗방울이 뚝뚝 떨어지기 시작하자, 어린아이 일손이라도 필요했던 부모님께서 곤히 자는 우리들까지 깨웠던 것이다. 그날 밤 우리 형제들은 꼼짝없이 밭으로 달려가 두어 시간 졸린 눈을 비비면서 절감을 거둬들였다.

제주서호초등학교 6학년 때에는 학년에서 밭을 1000평(3305.75㎡) 정도 빌려 고구마를 심은 뒤 김도 매고 가꾸었다. 전분 만드는 공장에 고구마를 판 돈으로 사친회 비용을 마련하기 위해서였다. 살기 어려운 시절인지라 졸업할 때 그런 돈이라도 있어야 선생님들 식사 대접이라도 했던 모양이다.

고구마 줄기가 고구마가 되네!

고구마를 처음 대하는 사람들이 '고구마' 하면 으레 하는 질문이 있다.

"고구마는 어떻게 심어서 키우는 거예요?"

씨를 뿌리는 것인지, 고구마를 땅속에 그냥 심는 것인지 잘 알지 못한다. 고구마는 중앙아메리카가 원산인 작물로 따뜻한 기후를 좋아한다. 우리나라 봄 날씨와는 맞지 않아서, 이른 봄 고구마 덩이뿌리를 심은 뒤 따뜻하게 비닐 등으로 보온을 해 주어야 순이 나온다. 순을 잘 키워서 30cm 안팎으로 줄기가 자라면 그걸 베어다 본밭에 심어 가꾸는 것이다.

그런데 이른 봄 고구마를 심어서 순을 내고, 그것을 키워서 베어 심으려면 일이 너무 많다. 그래서 4월 중순부터 6월 중순쯤까지 동네 종묘상이나 재래시장 또는 농기구 파는 곳, 시골의 오일장 등에 가서 줄기 100개를 한 단으로 만들어서 묶어 파는 것들을 사 온다.

서울신은초등학교 옥상 텃밭에서 초록 동아리 아이들이 고구마를 심고 있다(2013년).

한 단만 사 와도 약 30평(99㎡)가량의 밭에 심을 수 있다. 한 단에 6천 원에서 1만 원 정도 하기 때문에 순을 내어 키우는 것보나 수고로움도 줄이고 경제적일 수 있다. 물론 대규모로 농사를 지을 때는 따뜻한 온실(비닐하우스)에서 직접 싹을 틔웠다가 어느 정도 자라면 마치 모내기 하듯 베어 심는다.

이랑을 만들고 고구마 순을 심으라고 하면, 마치 모내기 하듯 흙 속에 세워 놓는 사람들이 있는데, 고구마 순은 세우듯이 심지 않고 땅속 약 20cm 깊이 정도로 옆으로 뉘어서 심어야 한다. 싹이 날 때까지 물을 주면서 순이 마르지 않도록 하기 위해서다. 7~10일 정도 지나면 땅속에 묻힌 줄기와 잎 사이 겨드랑이에서 뿌리가 나오고, 그 뿌리가 자라서 달리는 것이 고구마다. 그런데 그 작업이 그리 녹록하지만은 않다. 4월이나 5월에는 비가 잘 오지 않기 때문에 뿌리가 미처 내리기도 전에 시들어 버린다. 그러면 땜질하듯이 다시 고구마 순을 사다 말라 죽은 곳에 심기도 한다. 그렇게 서너 차례 해야 뿌리를 내리고 자리를 잡게 된다.

고구마 재배 방법

고구마 모종을 심는 시기는 남부 지방은 4월 상순에서 5월 상순까지가 적당하고 중부 지방에서는 5월 중순쯤 심어도 좋지만 이보다 좀 더 빨리, 햇빛이 덜 뜨거울 때 심는 것도 좋다.

① 고구마 순을 심기 전 이랑을 만드는데, 이랑을 만들 자리에

미리 밑거름으로 유기질비료를 넣고 흙을 덮어 이랑을 만든다. 10~20cm 깊이로 옆으로 파서 흠뻑 물을 주고 순을 심으면 잘 죽지 않는다.

② 고구마 순은 30~40cm 정도 길이로 싱싱한 것을 고르면 좋다.

③ 고구마 순을 물에 며칠 담갔다 뿌리가 나오기 시작하면 본밭에 심는다. 심는 방법에는 몇 가지가 있지만 일반적으로 수평 심기(고구마를 수평으로 눕혀서 심는 것)가 좋다.

④ 6월 중순이나 하순경이 되면 풀이 자라기 시작하는데, 그때 풀을 뽑아 주고 이랑에 북을 준다. 북을 줄 때 포기 사이에 거름을 넣고 흙을 덮으면 된다. 풀 뽑기가 힘들면 이랑을 만들 때 검정 비닐로 멀칭을 하면 풀이 나질 않아 한결 편하다.

⑤ 7월 중순 또는 하순경 또 한 번 풀을 뽑고 나서 포기 사이에 거름을 넣고 북을 주면 좋다. 이렇게 풀을 뽑아 주고 시간이 지나면 고구마 줄기가 이랑과 고랑을 덮어서 더 이상 풀을 뽑지 않아도 된다. 간혹 고구마 줄기 사이로 올라온 풀만 뽑아 주면 된다.

⑥ 고구마 줄기가 어느 정도 자라면 순지르기를 한다. 줄기에서 뿌리들이 내리면 고구마 양이 줄어들기 때문에 줄기를 뒤집어 주기도 하는데, 힘들면 하지 않아도 된다.

⑦ 10월 중순께 서리가 내리기 전 수확을 하는 것이 좋다.

⑧ 수확을 한 고구마는 찬 곳보다 상온에서 바람이 잘 통하는

곳에 저장해 두면 썩지 않고 오래 보관할 수 있다.

고구마를 캐는 아이들

서울신은초등학교 1학년 아이들과 고구마 수확을 기념하며 찍었다(2014년).

고구마로 우리 농산물 먹기 캠페인을 하는 아이들

2015년 봄에도 어김없이 아이들(6학년 열매반)과 고구마를 심었다. 학교 텃밭이 좁아서 많이 심지는 못하고, 15m쯤 되는 길이의 이랑에 고구마 순 약 반 단을 심었다. 고구마 순은 내가 운영하는 주말 농장 텃밭에 심고 남은 것을 가지고 왔다.

그렇게 심어 놓고 관리를 하는데, 역시 몇 그루가 죽었다. 다시 순을 구해 심고, 10월 28일 개교기념일을 앞두고 열리는 학교 축제인 '신은혁신한마당' 전에 수확을 하기까지 6개월을 키웠다. 고구마는 다른 농사보다 일손이 적게 든다. 순을 심고 어느 정도 줄기가 자라서 주변 이랑과 고랑을 덮으면 잡초들이 나지 않는다. 한두 번 더 김을 매 주면 특별히 농약을 치거나 화학비료 같은 것을 주지 않아도 잘 자란다. 고구마는 10월 하순 반 아이들과 함께 캤다. 그렇게 키우고 캔 고구마를 신은혁신한마당 때 고구마튀김으로 만들어서 내놓았다.

2015년 10월 서울신은초등학교 6학년 학생들이 '에너지와 환경'을 주제로 연 신은혁신한마당 행사에서 고구마튀김을 만들어서 나누고 있다.

우리 6학년 열매반 고구마튀김 코너 옆에는 풍력발전 원리를 설명해 주는 코너가 하나 더 있었다. 풍력발전 코너를 맡은 세희와 현진이가 코너를 방문한 아이들에게 풍력발전에 대한 문제를 내서 아이들이 잘 맞히면, 고구마튀김 코너를 맡은 예은이와 세정이가 아이들에게 고구마튀김을 주었다.

이 두 코너의 주제는 '우리 농산물 이용하여 지구온난화 방지하자'였다. 무역선을 이용해 외국에서 농산물을 수입해 오는 과정에서 발생하는 이산화탄소는 지구 온난화의 원인 물질 가운데 하나이므로, 기후 변화 방지를 위해서 우리 농산물을 애용해야 한다고 강조했다.

고구마 순지르기도 하고 나물로 무쳐 먹기도 하고

고구마를 심어서 가꿀 때는 순지르기를 한다. 물론 하지 않을 수도 있다. 고구마 순이 어느 정도 자랐을 때 잘라 주면, 그 자리에서 순이 많이 나와 잎이 더욱 무성해진다. 그러면 고구마가 더욱 광합성을 잘하여 농사가 잘된다.

순지르기한 줄기는 껍질을 벗겨 삶아서 무쳐 먹는데, 그만큼 좋은 나물도 없을 것이다. 그 씹히는 촉감 하며 향이 아주 좋은데, 문제는 껍질을 벗기는 데 시간이 많이 걸리기 때문에 힘이 든다.

껍질을 벗긴 고구마 순은 김치를 담가 먹어도 맛있다. 소금으로 절여서 씻어 내고, 다진 마늘과 고춧가루, 다진 생강 등 갖은 양념을 넣고 버무리면 고구마 순 김치가 된다. 아이들과 함께 고구마 순의 껍질을 벗기는 것까지는 해 봤지만 그것으로 나물을 무쳐 먹어 보진 못했다. 앞으로 기회가 닿는다면 그런 체험까지 해 보고 싶다.

고구마의 유래 및 효능

고구마는 따뜻한 중앙아메리카가 원산인 작물이라 우리나라 중부 지방에서는 고구마 꽃을 핀 것을 거의 볼 수 없고 남부 지방에서만 가끔 볼 수 있다. 콜럼버스의 아메리카 대륙 발견 당시 스페인으로 전해졌고, 다시 필리핀과 중국 등으로 전해졌다. 오키나와를 거쳐 일본에 전해진 것을 조선통신사로 일본에 갔던 조엄이 1763년(영조 39) 대마도에서 들여왔다고 한다. 옛날 문헌에는 '감저'라고 표기되어 있는데, 지금도 제주도에서는 고구마를 '감저'라고 하고, 감자는 '지슬'이라 부른다.

고구마는 각종 영양소가 풍부하다. 녹말 이외에 섬유질이 많고 칼슘과 칼륨, 녹황색 색소인 베타카로틴과 비타민C 등이 풍부한 알칼리성 식품으로 세계 10대 건강 식품에 들어간다고 한다. 당근, 호박에도 들어 있는 녹황색 색소는 폐암 예방에 좋고, 칼륨은 혈압을 낮게 해 준다. 섬유질이 풍부하여 장운동을 활성화시켜 주는 좋은 식품이다.

12. 논이 없어도 할 수 있는 벼농사

고무 물통으로 논을 만들었어요

풍-년이 왔-네
풍년이 왔--네
금수강산-으로-
풍년이 왔--네
지화자 좋-다
얼씨구나 좋-다

우리나라 민요 〈풍년가〉는 한두 번 들어 본 사람이 없을 정도로 널리 알려진 노래다. 우리 선조들은 가을이 되면 들판에서 누렇게 익으며 황금물결을 이루는 벼들을 보며 노래처럼 흥에 겨워했다. 벼를 베어 말리고 타작을 하려면 한두 사람 힘만으로는 어렵다. 그래서 마을 사람끼리 두레를 만들어 집집마다 돌아가면서 상부상조했다. 농사일 중간 중간 쉬면서 막걸리를 곁들여 새참도 먹고 노랫가락으로 흥을 돋우며 잠시 동안이라도 피로를 풀면서 힘든 농사일을 해 왔던 것이다.

2008년 서울서정초등학교에서 근무를 할 때다. 당시 나는 '환경과 생명을 지키는 전국교사모임'의 회원일 뿐 아니라 서울 초등 교사들의 환경 모임인 '흙바람' 회원이기도 하였다. 그 회원 가

서울신은초등학교 1학년 열매반 어린이들이 고무 통에 모내기를 하고 있다(2014년).

운데 한 사람인 후배 김희세 선생이 '(사)한국여성농업인중앙연
합회'에 신청을 하면 상자 벼 재배를 할 수 있다고 알려 주었다.

　당시 농림수산식품부에서 잊혀 가는 우리 농촌 문화를 되살리
기 위해 도시 어린이들이 벼농사의 전 과정을 체험할 수 있는 기
회를 만들고자 하였는데, 그런 뜻을 살려 한국여성농업인중앙연
합회가 벼농사 체험 프로젝트를 마련한 것이다. 프로젝트에 선
정되면 여성 농업인 관계자가 벼를 심고 가꿀 수 있는 고무 통과
거름흙, 모판 등을 가지고 학교로 와서 아이들에게 모내기 하는
방법도 가르쳐 주고 함께 모내기도 한다. 그리고 학생들에게 벼
가 자라는 과정을 관찰하여 한국여성농업인중앙연합회에서 개발
한 벼 재배 학습장에 일주일에 1회 그림도 그리고, 관찰한 내용을
적을 수 있도록 하였다. 그렇게 수확 직전까지 기록한 것 중 잘

직접 논으로 들어가 못줄을 치고 모내기를 해 보는 것도
좋다.

된 학습장 몇 권을 한
국여성농업인중앙연
합회로 보내면 심사를
해서 잘한 학생에게는
쌀이나 농산물 꾸러미
를 선물로 보내 주었
다.

그때 서정초등학교
에서 벼농사 체험 프로젝트를 신청해서 해 보았는데, 벼농사는
생각보다 별로 힘들지 않았다. 벼를 대량으로 재배하는 것이 아
니라, 도심 한가운데 학교 화단이나 상자 논에서 재배하기 때문
에 병충해가 돌 가능성이 매우 낮아 농약을 칠 필요도 없었다. 볏
모를 심을 때 거름흙을 넣었기 때문에 특별히 화학비료 같은 것
을 따로 줄 필요도 없었다. 물론 꼭 필요하다면 줄 수는 있지만
환경 교사 모임을 하면서 사람들의 건강을 위해 유기농 농사를
강조하면서 농약을 치고 화학비료를 주는 것은 이치에 맞지 않는
일이다. 다만 거름이 모자라서 벼의 생육 상태가 좋지 않을 때는
유기질 거름을 약간만 넣어 주면 된다. 벼는 물만 잘 주면 크게
신경 쓰지 않아도 잘 자란다. 또 생육 기간이 짧아서 가꾸기도 어
렵지 않다.

벼농사 짓기

● 볍씨 고르기와 모판 만들어 볏모 키우기

① 수조에 소금을 넣어 소금물을 만드는데, 달걀을 띄워서 4분의 3가량 잠길 만큼의 소금물 농도가 적당하다. 그 물에 볍씨를 넣어서 가라앉은 것들을 건져 내어 맑은 물에 씻은 뒤 일주일 정도 불려서 싹을 틔운다.

② 싹이 트면 흙이 들어 있는 고무 통에 넣고, 비닐을 씌워서 해가 잘 비치는 곳에 두고 키운다.

③ 볏모가 5~10cm 정도 자라면 모내기를 한다.

※ 모판을 만들어서 볏모를 키우는 게 번거로우면 볏모를 얻어 모내기를 하는 것이 간단하고 편리하다. 모내기가 끝난 논 주변에 가면 모를 내다 남아서 버린 것이 많다. 그것을 주워다 심어도 된다.

● 모내기

① 논이나 고무 통 속에 미리 물을 받아 흙이 잠기도록 한다.

② 물을 받아 놓은 논을 갈거나 호미 등으로 파서 써레질(흙을 풀어 놓는 작업)을 한다.

③ 볏모를 심을 때는 가로와 세로 간격을 10~15cm 정도 되도록 심는다.

④ 볏모는 3~4포기씩 한 줌으로 하여 논흙 속으로 쑥쑥 밀어넣

는다.

⑤ 모내기는 5월 중순에서 6월 초순까지 끝낸다.

● 벼 가꾸기

① 벼를 심은 논이나 통이 마르지 않도록 물을 잘 대어 준다.

② 볏모를 심을 때 논 속에 유기질 거름을 넣고 하면 특별히 거름을 주지 않아도 잘 자란다.

③ 8월 중순 이후 벼꽃이 피고 서서히 낟알이 맺으면서 익어 간다.

● 벼 수확

① 베어 낸 벼를 말린다.

② 말린 벼를 탈곡하고 도정하여 밥을 짓거나 떡을 만들어 먹는다.

서울신은초등학교 1학년 하늘반 아이들이 벼꽃을 관찰하고 있다(2013년).

가을걷이하고 인절미도 만들어 먹고

10월 중순쯤 되자 한국여성농업인중앙연합회 회원들이 추수를 도와주기 위해 학교로 왔다. 낫으로 벼 베는 시범을 보이면 아이들이 따라서 벼를 베어 보기도 하고, 베어 놓은 벼를 벼훑이로 훑어서 탈곡을 하는 체험도 해 보았다. 벼를 훑을 때는 아이들이 조금이라도 더 해 보고 싶어서 한번 벼훑대를 잡으면 놓지 않으려고 했다. 훑어 낸 벼는 절구통에 넣어서 찧는데, 아이들의 힘으로는 제대로 잘 찧어지진 않지만 해 보는 재미에 서로 하겠다고 야단법석이었다.

그렇게 하여 찧어 낸 벼를 키에 담고 까불러서 벼 껍질을 날리는데, 가장 전통적인 방법으로 벼 수확 체험을 해 보는 것이다. 이렇게 쌀을 만드는 과정을 학습하고 나서, 한국여성농업인중앙연합회 회원들이 준비해 온 찹쌀로 압력밥솥에서 밥을 지었다.

서울신은초등학교 6학년 언니들과 1학년 동생들이 함께 모여 인절미를 만들고 있다(2015년).

서울서정초등학교 3학년 아이들이 한국여성농업인중앙
연합회 회원들의 도움을 받아 벼훑이로 낟알을 훑는 탈
곡 체험을 하고 있다(2008년).

아이들이 벼훑이로 훑어 낸 벼를 절구에 넣어
찧고 있다.

방아로 찧은 벼는 키로 까불러야 벼 껍질을
날리고 쌀을 얻는다.

밥이 다 되어 뜸이 들면, 그 밥을 작은 절구에 넣고 절구질을
하는데, 어느새 밥알갱이들이 떡메로 친 것처럼 차진 떡 반죽이
된다. 그걸 잘 주물러서 경단을 만들고 준비된 콩고물을 묻히면
맛있는 인절미가 되는 것이다. 인절미를 나누어 먹으면서 〈풍년
가〉도 같이 불러 보고, 〈방아타령〉도 부르면서 관련 동영상을 보

왔다. 그러다 보면 농경 민족인 우리 민족의 정서와 문화를 온몸으로 느껴 볼 수 있는 것이다.

탈곡을 하면 나오는 볏짚으로는 새끼도 꼬고, 도마뱀 만들기와 달걀꾸러미 만들기 등 볏짚을 이용한 공예 활동도 한다. 이것 역시 아이들에게는 재미 있는 활동이 된다. 나는 어릴 때 배우고 익혀서 새끼 꼬기를 쉽게 잘한다. 그런데 요즘 아이들은 새끼 꼬기를 시키면 잘하질 못한다. 1시간 정도 연습을 하고 나면 20~30% 정도의 아이들만 간신히 흉내내는 정도고 대부분은 어렵다고 고개를 절래절래 흔든다. 새끼를 잘 꼬기 위한 포인트는 양 갈래로 나누어 잡은 짚을 손바닥에서 단단히 잘 마는 것이다. 오른쪽 갈래의 짚을 왼쪽 손바닥 위에 가져와서 오른손 바닥을 아래로 향하도록 한 다음 말리도록 굴려 준다. 그렇게 해서 말린 짚을 왼쪽 손바닥의 엄지를 뺀 나머지 네 손가락으로 잡아 준다. 다시 오른쪽 갈래를 왼쪽 손바닥 위로 가져와서 같은 방법으로 말면서, 말린 두 가닥의 짚을 계속하여 꽈배기를 만들듯이 꼬아 나가면 된다.

해마다 하는 벼농사 체험

서울신은초등학교가 개교를 하고 난 후 나는 큰 고무 통 30개를 주문해 매년 벼농사를 짓기 시작했다. 벼농사는 학년에 상관

없이 짓는다. 나는 2013년과 2014년 연속해서 1학년 담임을 맡았지만 벼농사를 짓는 데 큰 어려움은 없었다. 오히려 1학년 아이들이 더 신이 나서 열심히 참여하고 재미있어 한다. 2015년은 6학년을 맡았는데, 6학년 아이들은 약간 시큰둥해 하지만 그래도 별로 싫은 내색은 하지 않고 하자는 대로 잘 따라 한다.

2013년에 이어 2014년에도 1학년 담임을 맡으면서 생각해 보니, 벼농사 체험은 고학년인 5~6학년 학생들에게도 의미 있는 일인데 그동안 내가 너무 욕심을 부린 건 아닌가 하는 생각이 들었다. 그래서 우리 반에서 5개 통만 사용하고 나머지 통은 6학년 형님 반에 양보를 하였다. 6학년에서는 벼 재배를 하나의 프로젝트로 설정하고 다양한 프로그램들을 마련하여 진행할 예정이었다. 그렇지만 역시 처음부터 주체적으로 나서지 않은 한계 때문일까, 풍물과 함께 멋들어지게 하는 등 꿈은 원대했지만 실천으로는 이어지지 못하고 아쉬움만 남았다. 그렇다고 주체적으로 나선 나는 잘했느냐? 그렇지도 않았다. 2013년 1학년을 데리고 벼농사를 지었는데, 아이들이 벼를 낫으로 베는 것까지는 잘하는데 그다음이 문제였다. 어떻게 할까 고민을 하다, 학교에 벼훑이도 없고 해서 아이들과 가장 원시적인 방법을 해 보기로 하였다.

넓은 돗자리를 깔고 그 주변에 아이들을 둘러앉게 한 후 벼훑이 대신 철재 집게나 반만 쪼갠 나무젓가락 사이에 벼 이삭을 넣고 훑는 방법을 생각했다. 아이들에게는 목장갑을 한 켤레씩 주었다. 그런데 아이들이 목장갑을 낀 채 벼를 그냥 훑는 것이 아닌가! 몇 날 며칠 고민한 게 우스울 만큼 아이들의 창의적인 행동에 감탄이 절로 나왔다. '그래, 맞다. 정답이 어디 있나? 상황에 따라 창의적으로 하는 거야!'

13. 들살이

메뚜기 튀겨 먹기

2012년 10월 중순 어느 토요일 신은초등학교 초록 동아리 아이들이 경기도 파주시 조리읍 장곡리 시룻골로 들살이를 나가서 일어난 일이다.

"아이, 징그러워! 이걸 어떻게 먹어요?"

"뭐가 어때서 그래? 먹어 봐. 아주 고소해."

오전 내내 논둑 사이를 이리 뛰고 저리 뛰며 신이 나서 메뚜기를 잘도 잡던 승현이가 막상 정기훈 선생이 프라이팬에 지글지글 볶아 낸 메뚜기를 먹으라고 내밀자 어깨를 움츠리며 뒤로 슬쩍 물러선다.

평소에 잘 까불고 나서기를 좋아하는 정호가 약간은 떨떠름한 표정을 지으면서 메뚜기 한 마리를 냉큼 입에 넣었다. 아이들이, "우와! 정호야 괜찮아?" 하는 소리가 시룻골 벌판에 넘쳐 난다.

정호가 "음, 맛있어. 고소해. 야, 너도 먹어 봐!" 하면서 진영이한테 한 마리를 준다. 쭈뼛거리던 진영이가 받아서 조심조심 입에 넣고 씹어 보더니, "야, 고소해." 한다. 그 말에 남녀 아이들이 달려들어 한두 마리씩 집어 들고 재잘거리며 먹기 시작했다. 그래도 망설이며 물러서는 서넛은 어쩔 수 없다.

한 녀석이 정기훈 선생께, "선생님은 생명을 소중히 하라고 하면서 이렇게 많은 메뚜기들을 튀기면 어떡해요?" 한다.

"야, 이거 너희들이 잡았지, 내가 잡았냐? 잡아서 버리는 것보다는 낫지 않아? 우리 어릴 때는 메뚜기들 잡아다 닭 모이로도 많이 줬는데."

"메뚜기는 선생님이 잡으라고 시켰잖아요."

"어? 그렇구나! 그런데 말이야. 너희들이 이 메뚜기들을 안 잡아도 얘들은 이미 생을 다했어. 8~9월에는 알을 낳고, 그러고 나면 다 죽거든. 그러면 새도 먹고, 다른 곤충들도 뜯어 먹고, 사람이 이렇게 먹을 수도 있는 거야. 너무 미안해 하지는 마. 원래 이 지구에는 수많은 생명들이 살고 있지만 다 먹고 먹히면서 자연의 질서가 만들어져서 지금까지 이어져 오고 있어. 사람들은 소, 돼지도 잡아먹고, 생선들도 잡아서 먹지? 대표적인 것이 너희들이 많이 먹는 멸치 아니겠니? 다만 사람들 욕심이 지나쳐서 한꺼번에 많은 것을 가지려고 마구 파헤치고 농약도 치고, 숲도 마구 베어 내고 하면서 생태계가 파괴되는 것이 문제지. 사람들도 생태계에서는 최종 소비자로서 적당한 수가 유지되는 것이 좋은데, 정점에 있는 소비자 숫자가 많아지면 먹이 공급이 안 되고, 그러면 결국 개체 수가 줄어들면서 조절이 되는 거야. 이런 것이 생태계의 원리란다."

"그래서 인구를 조절하려고 요즘 사람들은 결혼을 잘 안 하나

장곡리 시룻골에서 정기훈 선생이 아이들이 잡아 온 메뚜기를 프라이팬에 볶아 나누어 주고 있다(2012년).

봐요."

"허허, 거 참 좋은 생각을 했네. 맞아, 워낙 인구가 많으니까 일자리도 없고, 그래서 결혼을 해도 자식을 낳아 기르기 힘드니까 결혼을 안 하는 사람이 느나 봐. 그러니 오늘 메뚜기 튀겨 먹는 것에 대해 너무 죄책감을 갖지 말고 맛있게 먹어. 아프리카 어느 부족은 메뚜기를 즐겨 먹고, 프랑스 사람들은 달팽이를 최고 요리로 치잖아. 다 생각하기 나름이야."

들판에서 할 수 있는 활동

● 온갖 산열매를 따 먹어 보는 체험은 정말 신이 나지

봄, 여름에는 버찌와 멍석딸기, 복분자딸기, 장딸기 등 여러 종류의 산딸기도 따 먹고 보리밥나무나 보리장나무 열매, 오디 등 많은 산열매도 따 먹을 수 있다.

가을 산과 들에서 나는 열매는 지역에 따라 조금씩 차이가 있다. 그렇지만 중부 지방에서 남부 지방까지 어디서든 손쉽게 따먹을 수 있는 산열매가 있는데, 조그맣지만 빨갛게 익는 보리수와 머루, 다래, 으름 등이다. 중부지방에서는 돌배나 산사나무 열매, 산딸나무 열매, 청미래덩굴 열매, 남부지방에서는 모람과 천선과 나무 열매, 팽나무 열매, 검팽나무 열매, 구지뽕 열매가 있다. 흔한 것으로는 역시 밤, 도토리 등의 산열매를 꼽을 수 있다. 이런 산열매들은 먹을 것이 귀한 시절에는 많이들 따 먹었지만 요즘은 산짐승이나 새들의 먹이다. 이런 열매들은 대부분은 내가 어렸을 때 거의 따 먹어 본 것들이다. 간식거리가 없던 시절 새콤달콤한 산열매들은 아이들에게 아주 좋은 간식거리였다.

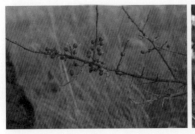

화성 공룡알 화석지에서 자라는 보리수나무　치악산 상원사 가는 길에 서 있는 오미자 열매

● 나무나 풀의 새순을 따 먹거나 나물을 캘 수 있다

　새순을 따 먹을 수 있는 식물로는 찔레순, 청미래덩굴순, 삐리 (띠의 꽃) 등이 있다. 봄에 산과 들에서 나는 나물에는 달래, 냉이, 씀바귀, 질경이, 제비꽃, 각종 취, 민들레, 고사리, 고비, 고들빼기, 원추리, 비비추, 별꽃, 망초, 개망초 등이 있다. 독초가 아닌 것은 다 삶아서 무치면 나물로 먹을 수 있다. 고사리나 고비, 동의나물 같은 식물은 원래 독성이 있지만 삶아서 말리는 과정에서 독성이 빠져나가 먹을 수 있다.

● 나뭇가지 등을 이용해 집짓기, 놀이기구 만들기

　기다란 솔가지나 나뭇가지 등을 엮어서 원시인이 살았음직한 집을 만들어 그 속에서 놀 수도 있다. 억새 등을 엮어서 집을 지을 수도 있다. 목발이나 팽이를 만들어 놀 수도 있고, 잘린 굵은 소나무를 잘라 내 끝로 가운데에 구멍을 뚫어 세발 또는 네발 장

난감차(수레)를 만들어 놀 수 있다. 자치기, 연 만들어 날리기, 특히 겨울철에는 썰매를 만들어 노는 것도 재밌다.

솔가지를 이용한 원시인 집짓기 체험

꽃잎을 따서 손수건으로 덮고 숟가락 등으로 두들기면 손수건에 예쁜 꽃무늬가 물든다.

● 볏짚으로 새끼 꼬기, 작품 만들기

탈곡을 하고 난 볏짚을 물에 담가 두었다 나무 등걸 등으로 두들겨서 부드럽게 한 다음 새끼를 꼬아 줄넘기 등을 하면서 놀 수도 있다. 솔가지로 집을 지을 때도 이용할 수 있다. 볏짚으로 달걀 꾸러미 만들기, 도롱뇽 만들기 등도 해 볼 수 있다.

새끼 꼬기

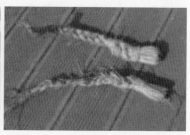

도롱뇽 만들기

● 풀이나 잔가지를 이용한 놀이

질경이를 뿌리째 캐면 제기 차기 놀이를 할 수 있다. 나뭇가지나 풀로 대나무 물총이나 나무 목걸이, 풀배도 만들 수 있고, 솔방울이나 도토리 등을 이용하면 공예품 등을 만들 수 있다. 아까시나무 잎 따기 놀이도 재밌다. 버들피리, 보리피리, 민들레피리를 만들어 불면서 놀 수도 있다.

강아지풀 몇 가락을 뜯어서 말아 끼우면 다람쥐 모양을 만들 수 있다.

때죽나무 가지를 얇게 잘라 가운데에 구멍을 뚫으면 나무 목걸이를 만들 수 있다.

들판에서 선선한 바람을 맞으며

시룻골에서는 친환경 농법인 우렁 농법을 이용해 벼농사와 포도 농사를 짓고 있다. 내 친구 정기훈 선생이 서울연광초등학교에서 근무를 할 때 연광초가 파주시 조리읍 장곡리와 자매결연을 맺으면서 친환경 농사를 짓는 시룻골 농장과 인연을 맺게 되었다. 시룻골 농장은 농사 체험을 할 수 있게 학생들에게 땅도 내

준다. 300평 정도 되는 땅인데, 거기에 고구마도 심고, 감자도 심고, 가을이면 무·배추도 심는 등 다양한 농사 체험을 할 수 있도록 배려한 것이다.

친구 따라 강남 간다고, 나는 문래초등학교에 근무할 때부터 정기훈 선생의 소개로 환경 동아리나 내가 맡고 있는 반 아이들을 데리고 시룻골 농장으로 농사 체험을 많이 갔다. 시룻골은 친환경 농사뿐 아니라 논을 둘러싸고 있는 높지 않은 야산에 온갖 나무가 자라고 있어 숲 체험하기에도 안성맞춤인 곳이다. 그래서 나도 그곳 땅 100여 평을 빌려서 온갖 채소며 고구마, 감자 등을 심는 등 농사꾼 못지않게 농사를 짓고 있다.

그곳에서는 가을이면 논둑에 벼메뚜기들이 많이 날아다녀서 메뚜기 잡기에도 안성맞춤이다. 아이들이야 들판에 나가면 메뚜기든 개구리든 잠자리든, 움직이는 생명체를 즐겨 잡는다. 싫어하는 아이들이 거의 없을 정도다. 여자아이들이라고 예외가 아니다. 여자아이들도 메뚜기를 잡느라 신이 나서 시간 가는 줄 모른다. 반면에 식물 관찰을 하자고 하면, 움직임이 없어서 그런지 별 관심을 보이지 않는다. 원래 인간의 본성이 뭔가 지배하고 정복하는 것을 좋아해서 그런지도 모른다.

가을이 되면 들판에서 맘껏 뛰놀게 하려고 나는 시룻골 논둑에 아이들을 풀어 놓는다. 메뚜기도 잡고, 고구마를 캐서 구워 먹기도 하고, 탈곡을 해 보기도 하고, 그렇게 해서 나온 볏짚으로 새끼도 꼬고, 볏짚 공예도 하면서 선선한 가을날의 정취를 만끽하게 하는 것이다.

이렇게 자연 속에서 뛰놀던 추억은 아마 평생 잊지 못할 것이다. 나도 어릴 적 논과 밭, 산을 가리지 않고 누비고 다녔던 일들이 눈을 감으면 삼삼하게 떠올라 배시시 웃기도 한다.

5부 겨울

14. 한 학기 김장 프로젝트

김장하던 날

김광철

배추를 쪼개어 소금을 하얗게 뿌리고
마늘을 까면서 흐르는 향기가
코 끝을 간질인다
외가에서 보내 주신 고춧가루에
새우젓갈, 생강, 파, 마늘 다져 비볐더니
손등엔 어느새 빠알간 할머니 물이 들고
어느새 옆에 와 계시면서
"아가, 손이 따가울 텐데, 어여 그만 혀"
배추 속 사이사이에 할머니를 묻어 넣고
배추 잎 한 쪼가리 주욱 찢어 입에 넣었더니
혀는 얼얼 눈물은 찔끔
주름살 늘어선 허연 우리 할머니
내 눈 앞으로 더욱 다가오신다

　요즘은 해마다 담임을 맡으면 1학년이든 6학년이든 학년을 가
리지 않고 김장 프로젝트를 준비한다.
　해마다 8월 20일쯤, 2학기 개학을 하자마자 여름내 자란 텃밭
의 풀을 뽑고, 땅을 고르고, 밑거름을 듬뿍 주고, 봉사도 한 봉지

사 와서 뿌리고는 이랑을 만든다. 그다음에 배추 모종을 사 와서 심는다. 모종을 심을 때는 이랑에 구멍을 내어 물을 충분히 주고, 모종 한 포기씩 넣고 흙을 덮어 꼭꼭 눌러 주면서 마음을 모은다.

'이 배추가 잘 자라서 우리 반 아이들 김장 때, 풍성하게 해 주세요.'

이렇게 배추를 50여 포기 심고, 그 옆에는 다시 이랑을 만들어 종묘상에서 사온 무씨도 뿌린다.

그렇게 뿌려 놓은 무씨들은 5일 정도 지나면 떡잎을 뾰족이 내밀고, '나 살아 있어요.' 하면서 존재감을 과시한다.

시간이 지나면서 배추는 서서히 뿌리를 내리고, 무순도 떡잎은 퇴화되어 없어지고 본잎이 나기 시작할 즈음 적당히 간격을 두고 솎아 주며 개체수를 조절해 나간다. 이렇게 솎은 무순은 씻어서 쌈으로 먹는다.

11월 중순쯤 되면 배추는 제법 잘 자라 있고, 무도 그렇게 굵지는 않지만 아기 종아리 정도 굵기는 된다. 물론 배추도 크게, 무도 굵게 키우려면 질소비료를 주면 되지만, 아이들과 함께 먹으려고 키우는 것이어서 더욱 유기농으로 농사를 짓는다. 좀 덜 크고, 덜 굵어도 그것대로 김장거리로 맛나게 이용한다. 배추와 무가 다 자랐다 싶으면 뽑아서 김장할 채비에 들어간다.

다음은 2012년 서울신은초등학교에서 3학년 담임을 맡은 뒤 아이들과 함께한 김장 프로젝트를 소개하겠다.

무, 배추 키우기

절인 배추를 씻어 물기를 빼고 있다.

아이들이 절인 배추 속에 양념을 넣고 갈무리를 하고 있다.

무는 씨앗을 뿌리고, 싹들이 배게 나오면 잘 솎아 주어야 한다. 그렇지 않으면 무가 자라면서 몇 개씩 엉켜 붙어 크게 자라지 못한다. 서너 차례 솎아 주면서 15~20cm 간격으로, 제일 튼튼한 것 하나씩만 남겨 두면 된다.

그리고 주변 흙을 호미로 긁어 올려 북을 두세 차례 주면서 가꾸면 더 깊이 잘 자란다. 화학비료를 주어서라도 크게 키우겠다면 북을 주기 전 비료를 뿌리면 된다. 가을에는 병해충이 거의 생기지 않아 농약을 칠 필요가 없다. 물론 배추 농사를 대규모로 지어 상품으로 내다 팔 사람들은 비료와 농약을 여러 차례 치겠지만, 집에서 식구끼리만 먹을 만큼 소규모로 재배하는 거라면 굳이 농약을 치지 않아도 된다. 진딧물이 생기면 담배꽁초를 물에 담가서 불린 다음 그 물을 뿌려 주거나, 우유를 3~4배 물로 희석해서 뿌려 주면 진딧물이 말라붙어서 죽기도 한다. 그렇지만 나는 약간의 진딧물은 그냥 둔다. 심하지만 않으면 진딧물이 생긴 다고 죽거나 자라지 않는 건 아니기 때문이다.

무도 모종을 사다 심으면 20일 전쯤 씨앗을 뿌린 것들과 비슷하게 자란다. 올해 우리 학교 여러 반이 무씨 뿌리는 시기를 놓쳤는데 무를 심겠다는 학급에는 학교에서 모종을 사 주었다. 그런데 모종을 심은 무들이 씨앗을 뿌려 키운 무들보다 크고 튼튼하게 잘 자랐다. 무도 모종을 심으면 한결 어렵지 않게 농사를 지을 수 있으므로 저학년에게 권장하고 싶다.

배추를 키울 때는 결구가 잘 되도록 배춧잎을 끈으로 묶어 주기도 하는데, 굳이 묶어 줄 필요는 없다. 묶는다고 특별히 결구가 잘 되지는 않는다. 물론 안 묶은 것보다 나을 수는 있지만 큰 기대는 금물이다. 묶어 버림으로써 잎이 퍼져서 햇빛을 많이 받을 수 있는 효과는 오히려 줄어들 수 있다.

무, 배추는 서리가 내리기 전 수확해야 한다. 서리를 맞으면 속이 얼어서 상품 가치가 떨어질 수 있다. 일기 예보를 보면서 영하로 내려가기 전인 11월 초에서 중순께 수확을 하면 좋다.

기타 김장거리 가꾸기

• 갓

갓은 종묘상에서 씨앗을 사다 줄뿌림을 하거나 흩뿌리기를 하고, 자라면 솎아 주면 된다. 특별히 주의할 것은 없고, 무를 키우는 것처럼 솎아 주기만 잘 하면 된다. 갓은 씨앗을 뿌리면 잘 자라기 때문에 특별히 신경 써서 가꾸지 않아도 된다.

갓은 잎이 푸른 '청갓'과 자색인 '붉은갓' 그리고 2가지 색깔이 섞인 '반청갓'이 있다. 전라남도 여수 '돌산갓'은 크기도 크고 상큼함 맛으로 큰 인기를 누리고 있다. 가을 첫서리를 맞은 갓은 김장거리로 각별한 맛이 난다고 한다.

● 쪽파

대파는 김치를 담글 때 잘게 썰어 양념으로 넣지만 쪽파는 꼭 그렇지도 않다. 물론 대파 대신 쪽파를 넣어도 상관은 없다. 쪽파는 파김치, 파나물, 파전 재료 등 그 쓰임새가 다양하다

대파는 씨를 뿌려 재배하지만 쪽파는 지하 인경(줄기)을 한 알씩 떼어 내어 종자로 사용한다. 인경이 4~7개 정도 모여 있는 것을 하나하나 쪼개어 한 줄기씩 잎이 나올 곳을 위로 하여 심어 두면 10일 정도 지나 싹이 땅 위로 올라와서 자라기 시작한다.

● 당근

당근은 녹황색 채소로서 우리 몸에 아주 좋은 식품이다. 특히 비타민A가 풍부하여 건강에 좋다. 당근은 봄가을 두 번 심어 키울 수 있다. 다른 작물보다 생육 기간이 길기 때문에 봄과 가을에 다른 작물보다 일찍 씨를 뿌리는 것이 좋다.

당근은 씨앗을 뿌리는데, 싹이 올라오면 서너 차례 솎아 너무 배게 자라지 않도록 한다. 솎은 당근 싹은 샐러드로 만들어 먹어도 좋다.

당근은 보통 75일 정도 자란다. 잎이 늘어질 때 수확을 하면 된다. 가을 당근은 여름 장마가 막 지난 다음 씨앗을 뿌리면 좋다.

완성된 김치를 들고 자랑스러워하는 아이   서울서정초등학교 3학년 아이들과 함께 담근 깍두기(2012년)

김장하기

● 양념 준비하기

배추 20kg을 기준으로 할 때 무 4개, 배 2개, 다진 마늘 2컵, 생강 2개, 양파 3개, 찹쌀죽(찹쌀로 만든 죽) 5컵, 고춧가루 8컵, 기호에 따라 새우젓 1컵 반 또는 멸치액젓 2컵, 대파와 갓 약간.

● 배추 절이기

① 굵은 배추는 네 조각으로 쪼갠다.

② 배추 1포기에 천일염 1컵 정도 준비한다.

③ 물 1 L 기준으로 소금 반 컵을 풀고, 쪼갠 배추를 담갔다 꺼낸다.

④ 나머지 반 컵 분량의 소금은 배추 포기 사이에 뿌린다.

⑤ 3시간 정도 지나 위에 있던 배추는 아래로, 아래에 있던 배추는 위로 가도록 뒤집어 준다.

⑥ 다시 3시간 정도 지나서 위아래를 뒤집어 준 다음 2시간 후 물로 잘 씻는다.

⑦ 씻은 배추를 소쿠리에 넣어 충분히 물이 빠지도록 한다.

● 양념 버무리기

① 준비된 양념을 한데 넣고 잘 섞는다.

② 양념을 물기를 뺀 배추 속 사이사이에 골고루 잘 넣어 주면 된다.

● 깍두기 담그기

① 재료 준비: 무 1.5kg, 쪽파 4대, 굵은 소금 한 컵, 설탕 1큰술, 고춧가루 3큰술 반, 다진 마늘 1큰술 반, 멸치액젓 1작은술, 다진 생강 약간.

② 무를 깨끗이 씻어 사방 2cm 정도 크기로 자른다.

③ 소금을 골고루 뿌려서 1시간 정도 절인다.

④ 무를 건져 소쿠리에 받쳐서 물기를 뺀다.

⑤ 물기가 빠진 무에 준비된 양념을 버무려 완성한다.

우리가 먹을 음식은 우리 스스로 조리할 수 있어야

2009년 1월, 나는 20여 명의 교사와 함께 핀란드와 스웨덴으로 북유럽 교육 탐방을 다녀온 적이 있다. 인상적인 것은, 남녀 구분 없이 어릴 때부터 요리와 봉제, 목공을 반드시 배우게 한다는 점이었다. 한 인간으로서 건강하게 살아가기 위해서는 식의주가 교육의 기본이라는 것이었다. 이제 한국의 혁신학교들도 식의주 교육의 단초를 열어 가고 있다. 1학년은 1학년 수준에 맞게, 6학년은 6학년 수준에 맞게 놀면서 공부하고, 공부하는 내용도 내 삶 속에서 찾아서 창의적으로 즐겁게 하자는 것이다.

요즘 젊은 엄마들은 힘들다고 김장을 잘 하지 않는다. 김장 자체가 어렵기도 하거니와 힘들어서 하기 싫단다. 그런데 학교에서 아이들에게 김장 체험을 시키면 얼마나 즐겁게 참여하는지 모른다. 힘들 법도 한데 하루 종일 신이 나서 들떠 있다. 바로 이런 신명 나는 기회를 어릴 때 가정과 학교에서 주자는 것이다. '학교가 혁신이다, 비혁신이다'를 떠나서 학교는 교육의 본질을 잊어서는 안 되겠다.

15. 철새들을 만나는 설렘

초겨울이 되면 연례행사처럼 떠나는 철새 탐조

　방학을 시작한 첫날

　추웠던 날씨가 다소 풀려 생각보다 포근한 하루였습니다. 우리 초록 동아리에서 올해의 마지막 야외 체험활동으로 철새 탐조를 다녀왔습니다.

　지난 시간을 뒤돌아보니 ~~~~ 들꽃, 곤충, 철새, 늪, 산, 강, 별, 진짜 하늘, 땅, 사람을 모두 품으며 우리 자신을 보듬지 않았나 생각합니다. 지난주에 받아 본 가통을 보니 11회라고 되어 있더군요. 천마산에서 보았던 마치 새색시의 수줍은 미소를 닮은 족두리풀, 아기의 미소를 닮은 노란 양지꽃, 순진하면서도 매혹적인 보라색 얼레지꽃 … 자연 속에서 욕심내지 않고 살아가는 그들의 모습을 보며 … 나 역시 배워 가고 성숙해집니다. 우리가 그동안 보고, 맡으며, 들으며, 느끼며 아이들과 함께한 시간들은 모두 아름다운 추억으로 오랫동안 기억되리라 믿습니다. 저 역시 초록 활동을 하며 아이를 바라봄에 눈높이를 맞추려 노력하였고, 말 한마디도 독이 아닌 햇빛이 되어야 함을 알았습니다, 아직도 아이를 키움에 땅을 거름지게 만드는 과정이지만 … 천천히 기다려 주라는 인내심을 배우고 배웁니다.

　번개팅으로 이루어진 또 다른 모임까지 생각하면 올 한 해 체험활동은 적어도 20회 이상이 되지 않을까 합니다. 작년에

이어 올 한 해는 정말 즐기는 마음으로 ~~알아 가는 재미로~~ 또한 회원 여러분과 어울리는 사람 향기로 너무 재미있게 동아리 활동을 한 것 같아 기쁩니다. 아직 부족한 점 많이 있겠지만 내년에는 좀 더 나은 모습으로 더욱더 활성화가 잘되어 굳건히 뿌리 잡아 다른 학부모들도 즐길 수 있는 초록 동아리가 되면 좋겠다라는 개인적인 희망을 이야기합니다,

탐조 활동 중인 엄마와 아이들

중랑천 하구에서 만난 괭이갈매기와 청둥오리

이번 철새 탐조는 두 분의 선생님을 비롯한 39명의 일행이 9시 정도에 출발을 하였습니다. 미리 답사까지 다녀오시며 일일히 프린트물을 준비해 주시는 샘의 열정에 우리는 하나둘 익히며 깨우쳐 갑니다. 아이들은 자연 속에서 뒹굴며 햇살이 얼마나 눈부시고 따뜻한지… 바람의 향기는 어느 색인지. 앙상한 가지를 보며 허전하고 공허한 것이 아닌 보이지 않는 그들만의 봄을 준비하고 있다는 것을 느껴 가면 좋겠습니다.

중랑천 하구에 도착하여 고방오리, 왜가리, 청둥오리, 흰죽지, 넓적부리, 흰뺨검둥오리 등을 관찰하였습니다. 처음엔 그 새가 그 새인 양 구별이 쉽지 않았는데 샘이 나눠 주신 프린트물을 비교하며 관찰을 해 보니 하나둘 눈에 들어옵니다. 왜가리가 저기에 있는 거 봤느냐~~~ 갈매기는 바닷가에 사는데 어떻게 바다도 아닌데 이곳에 있느냐~~ 머리를 물에 넣고 무엇을

잡아먹는다~~ 하며 신이 나서 질문이 쏟아집니다. 근처에 자생하는 물억새를 다발로 만들어 놓고, 달릴 때 흩날리던 억새는 아이들의 꿈이 되어 하늘 높이 올라갑니다.

미리 카페에 올려 주신 글을 읽어보며 인터넷으로 알아보니, 겨울새는 추운 나라인 중국 북부와 시베리아에서 먹이를 찾아 우리나라에 온다고 합니다. 샘이 어릴 때는 따오기도 흔한 새였는데… 지금은 중국의 도움으로 개채 수를 늘리며 보호 중에 있으니… 몇년 후에는 하늘을 훨훨 나는 그들의 춤 향연을 볼 수 있을 것 같습니다. 근데 앞으로도 지구온난화로 인한 하늘, 땅, 물의 오염으로 다른 종의 개체 수도 많이 줄고, 심지어 멸종 위기까지 처해 있다 하니 앞으로 우리의 현명한 지혜가 필요할 때인 것 같습니다.

점심식사를 하고 우리는 근처 경안천 습지생태공원에서 큰고니와 큰기러기를 만날 수 있었어요. 부리 근처가 노란색을 띠고 발은 오리발처럼 생겨 뒤뚱거리며 걷는 그들의 모습은 우아한 날갯짓과 사뭇 다른 모습이었습니다. 백조류는 9종이 있는데 우리나라에는 고니, 큰고니, 혹고니 3종이 있다고 합니다. 길고 가느다란 목을 세우고 물 위를 헤엄치는 큰고니류는 어미새의 경우 몸이 흰색이지만 어린 새는 회갈색이며 가족애가 강해 유대관계를 유지하여 가족 단위를 기본으로 무리를 지어 생활을 한다 합니다.

돌아오는 길에 마지막으로 들른 팔당대교 근처에서 우리는 상처를 입어 움직이지 못하는 큰고니 새끼를 보았어요. 조은비 샘이 하남시청에 전화를 해 구조요청을 하였는데. 다리를 다쳤는지 연신 그자리에서 기우뚱거리던 모습이 안쓰러웠습니다. 우리가 돌아올 때까지 직원들이 오지 않았는데 … 밤에 예린이가 어떻게 되었을까 걱정을 하더군요. 치료를 잘 받고 무사히 겨울을 잘 지내~~ 봄에는 가족과 함께 고향으로 잘 되돌아가기를 아이와 기도를 하였습니다.

　이 글은 '신은 학부모 초록 동아리' 카페에 올라온 글로 동아리 회장인 민은하 학부모가 쓴 글을 퍼 왔다. 신은초등학교의 학부모와 어린이 동아리는 내가 이 학교로 전근 오면서 조직이 됐고 본격적인 활동에 들어갔다.
　따지고 보면 초록 동아리에서는 연례행사처럼 거의 고정으로 하는 프로그램들이 있다.
　봄이 되면 봄을 맞기 위해 들꽃이 좋은 들과 산을 찾고, 봄방학 때는 1박 캠프를 가는데 주제는 그때마다 바뀐다. 여름에는 놀면서 공부도 하고 즐길 수 있는 곳으로 가서 2박 3일 동안 생태, 환경, 자연, 문화를 주제로 다양한 활동들이 이루어진다. 가을에는 가을을 즐길 수 있는 생태, 환경, 문화가 주제가 되는 곳을 찾아가고, 겨울이면 어김없이 철새를 찾아 나서게 되는 것이다.

우리나라의 대표적인 겨울 철새

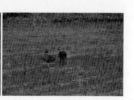

| 큰기러기 | 청둥오리 | 흰뺨검둥오리 |

중대백로   뻐꾸기   왜가리

2012년 겨울 철새 탐조를 갔던 곳은 강원도 철원으로, 1박을 하면서 수많은 오리와 독수리, 두루미를 만났다. 그다음 해에는 서울의 중랑천 하구와 팔당댐, 경안천 습지에서 고니를 만났다. 2014년에는 경기도 안산과 화성호를 다녀왔고, 올해는 전라남도 영광원자력발전소 견학을 가면서 금강 하구에서 철새들을 만나고, 겨울에는 수원의 서호를 다녀왔다. 초록 동아리는 해마다 이렇게 겨울이면 이곳저곳 새들을 찾아 나선다.

환경과 생명을 지키는 전국교사모임에서는 2000년 이전부터 한강 하구에서 서해안을 따라 내려가서 전라남도 해남을 거쳐 남해안 일대를 돌아 낙동강에 이르는 겨울 습지 철새 탐조 활동을 해 왔다. 나는 전 구간을 다 참여하지는 못했지만 중간중간 몇 차례 참가하여 철새와 맺은 인연의 끈을 놓지 못하고 있다.

특히 서울에서 가까운 팔당댐 인근에는 해마다 겨울이 되면 200여 마리 고니가 몰려오는데, 서울 근교에서 이렇게 많은 고니를 볼 수 있다는 것이 얼마나 큰 행운인지 모른다. 그 고니들을 보면서 지었던 시가 2011년에 낸 시집 《애기똥풀》에 들어 있다.

겨울 철새인 천연기념물 제201호 큰고니

고니

김광철

올해에도 팔당대교 아래에서 고니들을 만났다
저 고니들을 작년에도 재작년에도 그 장소에서 만났다
쟤들은 그 먼 길
만 리 먼 길을 한 치의 오차도 없이 잘도 찾아온다

나는 그저께 차 몰고갔던 친구의 집을 다시 찾았다
분명 저 골목 같은데, 그리 들었더니 그 길이 아니더라
또 다른 골목길을 더듬는다
그러기를 수차례, 결국은 친구를 전화로 불러내고야 말았다
그러면서 새대가리, 새가슴이라 하며
새들을 조롱했던 기억이 새롭다
부끄럽다
미안하다

새들을 만나러 갈 때 필요한 것들

● 준비물

빨강, 노랑 등 새들을 자극할 만한 색깔의 복장은 피한다. 모자와 쌍안경, 필드스코프(야외 망원경), 야외 기록장, 사전 답사를 통해 탐방하고자 하는 지역의 지형도, 또는 자주 출현하는 종에 대한 참고 자료 만들기 등.

● 새 탐조 기록장

철새 탐조 활동도 망원경이나 쌍안경으로 관찰만 하고 지나가면 충실한 학습이 될 수 없다. 다음과 같은 학습지를 만들어서 그림도 그리고 관찰한 것을 글로 쓰면서 확인하면 아이들이 더욱 열심히 참여한다.

( ) 학년   이름 (   )

새 이름		
새의 모습 그리기	관찰할 대상	크기, 생김새, 색깔, 무늬 등
	머리	
	가슴	
	등과 깃털	
	부리	
	울음소리	
	기타	

● 새들에게 위협을 주는 행동을 삼간다

① 말소리를 내거나 몸을 가급적 최대한 낮추어 노출하지 않는
다.

② 관찰하고자 하는 새들로부터 가급적 멀리 떨어진 곳에서 관
찰한다.

● 쌍안경 등으로 새들의 위치를 확인한 다음 야외 망원경을 설
치하고 자세히 관찰한다

① 모두 몇 마리가 모여 있는지, 10마리 단위로 카운팅을 한다.

② 어떤 종류의 새들이 있는지 확인한다.

③ 새의 크기, 깃털 모양, 머리와 몸통의 색깔과 모양, 부리 모양
과 색깔, 다리와 발가락의 모양과 외모 등을 관찰한다.

④ 앉아 있는 모습, 날아가는 모습, 걷는 모습, 먹이를 먹는 모
습, 쉬고 있는 모습 등 특징을 찾아본다.

⑤ 새의 울음소리를 들어 본다.

● 새를 관찰할 때 주의할 점

① 희귀한 새들을 찾는다고 처음부터 멀리 떠나지 말고 우리
주변에서 흔히 볼 수 있는 참새나 비둘기부터 관찰한다.

② 새를 관찰할 때는 크기와 형태, 부리와 꼬리의 모양과 색깔,
앉아 있는 모양, 걸어가는 모양, 날아갈 때 날개를 펴거나 날
갯짓, 목의 모양 등을 관찰한다.

③ 어떻게 움직이는지 관찰한다. 앉아 있을 때 꼬리의 움직임, 나무줄기에 붙는 방법, 날아가는 방법(수평으로 나는가, 파도 모양으로 나는가), 제일 높이 날 때는 어떠한가 등을 관찰한다.

④ 같은 장소에서 일주일 또는 2주일, 1개월 단위 등 일정한 간격으로 꾸준히 관찰하면서 모니터를 한다.

⑤ 하루 중 이른 아침, 아침, 오전, 오후, 저녁 등 시간대별로도 관찰해 본다.

⑥ 봄·여름 산새는 작은 소리에도 수풀 속으로 숨어 버리기 때문에 관찰하기 쉽지 않다. 겨울 철새는 강이나 저수지 등 사람이나 동물들이 쉽게 접근하지 못하는 안전한 곳에서 쉬고 있고, 대부분 개체가 크기 때문에 비교적 쉽게 관찰할 수 있다.

⑦ 관찰한 것을 그림과 글, 시화, 몸짓 등 다양한 방식으로 표현해 보도록 한다. 고학년 어린이는 자신이 살고 있는 동네 하천이나 숲 등 일정한 곳을 정기적으로 관찰하여 보고서를 써 본다면 가장 바람직한 학습 방법이 될 것 같다.

우리나라의 새

현재까지 우리나라(남한 기준)에 보고된 조류는 382종이며, 그

서울 중랑천 하구에서 겨울 철새를 탐조하는 신은 초록 동아리 아이들과 학부모
들(2013년)

외 12아종을 포함하면 394종에 이른다. 절종되었다고 간주되는
원앙사촌 1종과 미조 53종을 제외한 340종 가운데 57종은 텃새
이고 283종은 철새다. 겨울 철새 116종과 여름 철새 64종, 봄·
여름 우리나라를 거쳐 가는 나그네새 103종으로 이루어진다.

문제는 그 수가 갈수록 줄어들고 있다는 것이다. 이런 우려는
비단 어제오늘 이야기가 아니다. 환경오염과 개발로 새들의 서식
지가 날로 파괴되는 데다 무분별한 농약 살포로 새들의 먹잇감인
곤충이 급격히 줄어들고, 농약에 오염된 먹이를 먹은 새들이 죽
거나 병에 걸리거나 불임이 되어 개체 수가 급감하고 있는 것이
다. 새들이 안전하게 서식할 수 있는 조건이 날로 악화되면서 개
체 수가 줄어드는 것은 물론 종 자체가 줄어들고 있다.

동요 〈따오기〉로 큰 사랑을 받았던 따오기는 멸종된 지 오래고, 황새도 멸종되다시피 했다. 내가 어렸을 때는 전깃줄이 새까맣게 보일 정도로 흔하던 제비를 요즘은 거의 볼 수가 없다. 철원 등지를 찾아오는 세계적인 희귀종 두루미도 그 수가 많이 줄었다.

새의 분류

조류학자들에 따르면 새들은 그 모양이나 유전적 특징, 사는 곳, 이동 유형에 따라 다음과 같이 분류한다.

1. 새의 모양이나 유전적 특징에 따른 분류

생물은 '계-문-강-목-과-속-종'의 7단계로 분류를 한다. 새 가운데 꿩을 예로 들면, '조류강-닭목-꿩과-꿩속-꿩'으로 분류한다. 물론 요즘은 DNA 분석을 이용하여 유연관계를 밝히는 연구도 활발하다.

2. 생활 환경에 따른 분류

새들은 크게 물새와 숲새(산새)로 나눈다. 여름철 우리나라를 찾는 새는 대부분 숲새에 속하며, 겨울철 우리나라를 찾는 새 중에는 물새가 많다.

① 숲새(산새): 박새, 곤줄박이, 동고비, 직박구리, 어치, 오목눈이, 딱따구리, 올빼미 등이 있다.

② 물새: 청둥오리, 비오리, 가마우지, 큰고니, 마도요, 깝짝도요, 검은머리물떼새 등이 있다.

물새는 생활 유형에 따라 다시 수면성 조류와 잠수성 조류로 나뉜다.

① 수면성 조류: 수면이나 수면 가까이에 있는 먹이, 얕은 물의 모래나 진흙 속 먹이, 물가에 있는 먹이를 먹으면서 살아간다. 쇠오리, 알락오리, 고방오리, 원앙 등이 있다.

② 잠수성 조류: 깊은 물속이나 물속 아래에 있는 먹이를 먹기 위해 잠수를 하여 먹이 활동을 하는 새들로 댕기흰죽지, 비오리, 논병아리 등이 있다.

3. 이동 유형에 따른 분류

① 우리나라에 서식하는 새: 우리 주변에서 1년 내내 볼 수 있는 새로 참새, 까치, 비둘기, 매, 괭이갈매기, 진박새, 곤줄박이 등이 있다.

② 철새: 철 따라 이동하는 새로 여름에 우리나라를 찾는 여름 철새와 겨울에 찾아오는 겨울 철새로 구분한다. 제비, 개개비, 물총새, 청호반새, 뻐꾸기 등의 여름 철새와 기러기, 가창오리, 두루미, 독수리, 재갈매기, 흰수리꼬리 등의 겨울 철새

로 나뉜다.

③ 나그네새: 철 따라 이동하는 중에 나그네처럼 우리나라에 잠시 들르는 새. 도요새류, 물떼새류, 흰배멧새, 제비갈매기 등이 있다.

④ 길 잃은 새: 통상적인 분포지나 이동 경로를 벗어나서 가끔 발견되는 새를 말한다.

4. 그 외의 분류

날카로운 부리와 발톱을 갖고 있는 육식성 새들을 특별히 '맹금류'라 부르기도 한다. 이들은 조류의 먹이사슬에서 최강자로 군림한다. 맹금류에는 독수리, 매, 부엉이, 올빼미 등이 있다.

새들 중에는 우는 새와 울지 않는 새가 있다. 그중에서 우는 새들을 특별히 '명금류'라 부르기도 한다.

두루미를 잡으러 가는 아이

2012년 12월 말 신은초 초록 동아리에서 철새 탐조와 민통선 안 지역의 생태 학습을 하기 위해 1박 2일 강원도 철원으로 갔다 온 적이 있다. 알다시피 철원은 세계적으로 유명한 두루미 도래지다.

둘째 날 낮에 철원평야로 두루미 관찰을 하려고 나갔다. 야외 망원경을 설치하고 열심히 새들을 관찰하고 있는데, 한 아이가 두루미 쪽으로 뚜벅뚜벅 걸어가고 있지 않은가? 깜짝 놀라서 쫓아가, "어디 가는 거야?" 하고 물어 보자, "두루미를 잡으려고요." 한다.

당시 아이는 과잉행동장애가 있는 듯 보였는데, 6학년인 지금까지 초록 동아리 활동을 하고 있다. 물론 지금은 굉장히 의젓해졌다.

자연은 이렇게 쉽게 들뜨고 사소한 일에도 흥분하는 아이들조차 차분하고 침착하게 만드는 마력을 갖고 있다. 아이들을 차분하고 집중력 있게 키우고 싶다면 자연 속으로 내보내야 한다. 지금도 그때를 회상하면 빙그레 웃음부터 나온다.

6부

사시사철

16. 쉰다리'를 만들어 먹다

여름날 밥은 쉬고, 어쩌나?

요즘 우리 집 냉장고 안에는 늘 쉰다리가 담긴 냄비가 들어 있다. 몇 해 전 제주도 고향 집에 갔다 이웃에 살고 있는 친척 형님 댁에 들렀는데, 쉰다리 한 대접을 내놓길래 맛있게 받아 먹으며 물었다.

"형님네는 맨날 이렇게 쉰다리를 담아 드셤쑤과('드십니까'의 제주 방언)?"

"기여('그렇다'). 이거 음료수 마신다는 생각으로 물 생각날 땐 먹엄져('먹는다')."

"이거 드시면 건강에 좋우꽈('좋습니까')?"

"발효 식품이라서 건강에 좋은지, 요 몇 해 감기 한 번 안 하고 살암져('살아간다')."

이 말을 듣고 서울로 와서 우리 집에서도 쉰다리를 만들어 먹기 시작한 것이다.

내가 어렸을 때는 냉장고가 없던 시절이라 여름철이면 찬밥을 오래 보관할 수 없었다. 밥을 해 놓고 하루만 지나도 쉬어서 먹을

---

1. 제주식 식혜.

수 없게 된다. 당시는 먹고살기 힘든 시절이라 주로 보리나 좁쌀로 밥을 해 먹었다. 그런데 그 쉰 보리밥에 누룩 덩어리를 띄우면 누룩곰팡이에 의해 발효가 일어난다. 그래서 쉰 밥도 버리지 않고 먹을 수 있었다. 물론 발효가 일어났으니 달착지근한 맛이 없는 것은 아니지만 그렇다고 썩 달지도 않다. 그래서 '쉰다리'에 당시 유행하던 인공감미료인 '감미정'을 넣어서 달게 만들어서 먹었다. 어렵게 살던 시절이니, 이보다 더 좋은 음료수가 어디 있겠는가?

2015년 2월 서울신은초등학교 1학년 열매반 아이들이 쉰다리를 만들고 있다.

2014년 1학년 담임을 맡으면서 아이들과 이 쉰다리 만들어 먹기 체험을 해 보기로 했는데 마땅한 기회가 없었다. 그러다 6학년 졸업식을 며칠 앞두고 드디어 쉰다리 만들기에 도전했다. 졸업을 앞둔 어깨짝반 6학년 형님들한테 1학년 동생들이 대접하는 음식으로 만들면 좋겠다는 생각을 한 것이다.

그런데 쉰다리를 먹고는 "머리가 좀 어지러워요." 하는 아이들도 있었다. 누룩곰팡이로 발효시킨 식품이라 알코올 성분이 있다고는 하지만, 그래서인지는 잘 모르겠다. 누룩만 건져 내서 떠 먹어도 되는데, 그러면 밥알이 많아 먹기 불편하다. 그럴 때는 체로 밥알을 걸러 내고 먹으면 된다. 쉰다리에 꿀이나 조청, 매실청, 설탕 등 단맛을 내는 감미료를 곁들여 먹으면 내 입맛에는 일품 음료수가 따로 없다. 특히 냉장고에 보관했다가 시원하게 해서 마시면 그 맛이 최고다.

쉰다리 만들기

● 재료 준비

① 누룩: 재래시장 식품점 등에서 어렵지 않게 구할 수 있다. 가격도 별로 비싸지 않다. 아이들과 누룩을 만들어 보는 것도 좋다. 이런 활동까지 하나의 프로젝트로 구성하면 내용이 풍부해져서 좋을 것이다.

② 밥: 쌀밥, 잡곡밥 상관없이 어떤 밥이라도 좋다. 일부러 쉬게 할 필요는 없고 금방 지은 밥도 좋다. 이참에 밥 짓는 것까지 연계하여 프로젝트 학습으로 이끌어도 좋을 것이다.

③ 미지근한 물: 발효가 잘 일어나게 하려면 상온보다는

25~30℃의 미지근한 물이 알맞다.

④ 냄비 등 뚜껑이 있는 큰 그릇: 밥과 누룩을 섞은 뒤 발효될 때까지 담아 놓을 그릇

⑤ 거름망(또는 천연 헝겊): 발효가 되면 망을 이용해 누룩과 밥알을 걸러 내도 되고, 누룩을 삼베 등의 천연 옷감으로 만든 주머니에 넣어 실로 묶어 넣어서 발효시킨 뒤 누룩만 분리해 낼 수도 있다.

⑥ 감미료: 꿀이나 조청, 매실청, 설탕 등 단맛을 낼 수 있는 감미료를 준비해 발효가 끝난 쉰다리에 섞으면 더욱 맛있게 먹을 수 있다.

⑦ 보관 병: 쉰다리를 보관할 수 있는 용기

● 만드는 순서

① 밥을 한 공기 정도 준비해 냄비 등 큰 그릇에 담는다.

② 미지근한 물을 1.5L 정도 넣고 숟가락 등을 이용하여 밥덩이를 으깬다.

③ 누룩을 티스푼 크기로 5~7알 정도 넣는다(누룩을 믹서에 갈아 넣어도 된다).

④ 발효가 잘 일어나도록 25~30℃ 정도 실내에 둔다(발효를 촉진하기 위해 따뜻한 곳에 보관하는 사람도 있다).

⑤ 하루나 이틀 정도 지나 기포가 발생하면 거름망을 이용해 밥알이나 누룩 덩어리를 걸러 낸다(밥알은 놔두고 누룩 덩어

리만 건져 내도 된다).

⑥ 쉰다리에 감미료를 섞어서 마신다.

⑦ 냉장고 등 시원한 곳에 두고 음료수로 즐기면 더욱 맛있게 먹을 수 있다.

● 참고

① 요즘 제주에서는 지역 특산품인 귤이나 한라봉을 믹서로 갈아서 발효 과정에 함께 넣어 '감귤 쉰다리'를 만들어 먹기도 한다.

② 너무 오래 발효되면 술맛이 나거나 식초처럼 되어 버리기 때문에 적당히 발효시키는 것이 바람직하다.

쉰다리 재료 준비와 만들기 순서

쉰다리 이야기

　제주도는 2014년 '쉰다리'와 '꿩엿'을 국제슬로푸드생명다양성재단의 '맛의 방주(Ark of Taste)' 목록에 등재하는 사업을 추진한다고 발표한 바 있다. 150여 개국 10만여 회원이 활동하는 비영리 기구인 '맛의 방주'는 멸종 위기에 놓인 식물의 종자나 전통 음식을 찾아 기록함으로써 소멸을 막고 세계 음식에 대한 관심을 끌어 내기 위해 1996년 시작한 프로젝트다. 재단 본부는 이탈리아 브라에 있다. 현재 세계 76개국의 1211개 품목이 등재돼 있는데, 우리나라는 제주 흑우, 제주 푸른콩 된장, 태안 자염, 장흥 돈차, 진주 앉은뱅이밀, 울릉도 섬말나리, 울릉도 칡소, 연산 오계 등 총 8종이 올라가 있다.

건강에 좋은 발효 식품 쉰다리 체험

　쉰다리를 먹고 어지럽다고 하는 아이도 있었지만, 아이들에게는 음식을 만들어 먹는 자체가 즐거운 일이다.

　"선생님, 다음에 또 하면 안 돼요?"

　"그래, 한 번 더 해 보자. 만들기 쉽지? 집에 가서 엄마하고 같이 만들어 먹어 봐."

　우리나라 음식 중 대표적인 김치와 더불어 된장, 고추장 같은 장류가 전부 발효 식품이다. 세계 7대 장수 식품 역시 다 발효 식품이라는 것은 널리 알려진 사실이다.

　햄버거와 소시지, 아이스크림, 과자, 탄산음료 등 인스턴트나

가공 식품에 중독이 된 우리 아이들의 건강을 생각해서라도 전통 음식을 많이 먹여야겠다. 쉰다리 체험도 그런 측면에서 보면 아주 바람직한 체험 학습이 될 것이다. 쉽게 접근할 수 있으면서도 즐겁고, 선조들의 생활의 지혜를 계승한다는 측면에서도 적극 권장하고 싶다.

17. 숲에서 즐기는 탐구와 학습

자연으로 나가면 교사가 모르니
이런 답답함을 어찌하겠는가

나는 환경과 생명을 지키는 전국교사모임과 초록교육연대 활동 등 생태, 환경 분야에서만 20년 넘게 활동해 왔다. 이런 활동을 하다 보면, '우리 활동이 생물 교사가 현장 조사하는 것과 뭐가 다르지?' 하는 의문을 가질 때도 있다. 그도 그럴 것이 자연이란 참으로 넓고 광대하고 무궁무진하다. 한 인간의 두뇌와 경험만으로 이 넓은 자연의 세계를 온전히 이해하고 학습을 한다는 것은 애당초 불가능에 가까운 일이다. 다만 지속적인 노력으로 점점 다가갈 뿐이다. 특히 교사들은 말이다.

이런 활동을 하다 보면 많은 교사들로부터 질문을 받는다.

"선생님, 전 식물 이름도 잘 모르고 어려워서, 아이들 데리고 현장에 나가기가 무서운데 어떡해요?"

그럴 때마다 나는 이렇게 말한다.

"당연히 그렇겠지만 생각을 바꿔 보세요."

"어떻게 바꿔요?"

"교사는 모든 것을 알아야 된다는 고정관념에서 벗어날 때 진정한 교사가 된다고 봐요. 왜 교사는 세상 모든 것을 다 아는 척

척 박사가 되어야 해요? 그럴 필요도 없고, 그럴 수도 없잖아요."

"그럼 아이들이 '선생님은 그것도 몰라요?' 하고 놀리잖아요."

"바로 거기에 답이 있어요."

"무슨 답이요?"

"선생님이라고 세상 모든 것을 다 아는 만능인이 아니에요. 대통령이라고 나랏일을 다 알아서 대통령이 되는 게 아니잖아요. 대통령은 대통령으로서 나랏일을 돌볼 유능한 사람들을 잘 뽑아서 그분들이 소신껏 책임 있게 나랏일을 하도록 해 주면 되는 것입니다. 선생님들도 세상의 모든 사물과 이치를 다 아는 것이 아니기 때문에 아이들과 함께 배우고 공부하면서 함께 학습해 나가는 거예요."

자연 속에서 학습을 하다 보면 수많은 풀과 나무, 곤충, 새, 버섯 등을 본다. 그 많은 생명의 이름부터 특성까지 한 사람의 교사가 모두 안다는 건 불가능에 가깝다. 그렇다고 학습을 진행할 수 없는 것은 아니다. 학습이란 학생들에게 맞는 내용을 선정하고, 그 수준에 맞게 접근해 가면 되기 때문에 두려워할 필요는 없다. 좀 더 풍부한 지식과 경험을 갖추고 있다면 더 바랄 게 없지만, 그게 단기간에 이루어지는 영역이 아니지 않은가?

그렇다고 포기할 필요는 없고 꾸준히 자기 연찬을 통해 부족한 부분을 채워 나가려고 노력을 하면 된다. 부족하면 부족한 대로 다음과 같이 자연과 생태 학습에 접근할 것을 권한다.

천마산에서 식물 탐사를 하고 있는 신은초 초록 동아리의 선생님과 아이들

동식물의 이름을 잘 모를 때는 알고 있는
몇 종을 중심으로 학습을 전개한다

가령 아이들과 함께 학교 화단에 있는 식물을 공부하고 싶다면, 아주 흔하고 쉬운 몇 종을 중심으로 학습을 전개하면 된다. 잘 모르는 것은 제쳐 두어도 된다. 자신이 알고 있는 10종 정도를 체크하고 그 식물에 본래 이름 대신 번호표를 붙인 뒤 학생들에게 식물들의 특징을 잘 관찰하도록 하여 다음과 같은 관찰 기록표를 만들어 보도록 하자.

내 친구 들꽃 관찰 기록장

제 학년 반 이름(   )

내 친구의 모습	관찰할 부분	관찰한 내용
	잎 모양	
	줄기 모양	
	꽃이나 열매	

내가 지은 이름	그렇게 지은 까닭	도감에서 확인한 이름
관찰하고 난 후의 소감		

서울신은초등학교 3학년 아이들이 식물 탐사를 했던 조사 학습지(2012년)

그런 다음 관찰 기록장 내용을 전체 학생이 모인 자리에서 발표하도록 한다. 본래의 이름을 모른 상태에서 관찰하고 나름대로 이름을 붙인 것이라 참 재미있는 이름도 나오고, 친구들도 발표하는 내용을 듣고 무척 재미있어 한다. 발표가 끝난 다음 식물도감에서는 어떤 이름으로 부르는지 확인하거나 교사가 본 이름을 말해 주면 그 식물에 대한 학습은 거의 완벽하게 이루어질 수 있을 것이다. 이 학습 방법은 식물뿐 아니라 동물에 대해 공부할 때도 똑같이 적용할 수 있다.

교사가 학생들과 학습하고자 하는 식물이나 동물명을 모를 때는 미리 잘 알고 있는 동료 교사나 전문가들한테 자문을 구한 다음 학습을 진행하면 더 좋겠다. 동물이나 식물명을 잘 모른다고 하여 부끄럽게 생각하지 말고, "선생님이 학교에 다닐 때는 이런 공부를 못했기 때문에 잘 몰라요. 여러분과 함께 배우면서 같이 공부하도록 해요. 모르는 것이 부끄러운 것이 아니라, 모르는데도 알지 않으려고 하는 것이 부끄러운 거예요." 하고 말하고 함께 공부하는 자세가 필요하다.

몇 개씩 묶어서 동식물 학습을 한다

'내 친구 들꽃 관찰 기록장'과 같은 학습지를 이용하면 동식물 1종에 대해 자세히 관찰하고 그 특징을 바르게 이해할 수 있어 좋다. 하지만 모든 동식물을 그와 같은 방식으로 조사하려면 시간이 너무 많이 걸린다. 그럴 경우 다음과 같이 동식물 몇 개를 묶어서 조사하면 된다.

식물 관찰 학습지

(   )초등학교 (   )학년 (   )

선생님이 정해 주거나 관심 있는 식물 하나를 골라 이름을 짓고, 그 특징을 기록한 다음 실제 이름을 확인하세요.		선생님이 정해 주거나 관심 있는 식물 하나를 골라 이름을 짓고, 그 특징을 기록한 다음 실제 이름을 확인하세요.	
특징		특징	
지은 이름	실제 이름	지은 이름	실제 이름
선생님이 정해 주거나 관심 있는 식물 하나를 골라 이름을 짓고, 그 특징을 기록한 다음 실제 이름을 확인하세요.		선생님이 정해 주거나 관심 있는 식물 하나를 골라 이름을 짓고, 그 특징을 기록한 다음 실제 이름을 확인하세요.	
특징		특징	
지은 이름	실제 이름	지은 이름	실제 이름

빙고 게임 형태로 동식물 관찰을 한다

아이들을 데리고 숲으로 가서 식물 탐사나 숲 탐사 활동을 할 때, 자꾸 뭔가를 가르쳐 주려고 하지 말자. 아이들이 스스로 터득하도록 하는 것이 중요하다. 즉 수업을 하지 말고 학습이 일어나도록 두어야 한다. 그렇게 해야 효과도 높고, 교사도 덜 힘들다. 바로 요즘 흔하게 이야기하는 자기 주도적 탐구 학습이다.

그렇다고 무작정 과제만 던져 주면 아이들은 흥미를 느끼지 못한다. 게임 방식으로 학습을 이끌어 가면 아이들은 즐겁게 참여한다.

내가 즐겨 사용하는 방법 가운데 하나가 빙고 게임이다. 8절 도화지에 칸을 9개나 16개 만들고, 밑에는 그 칸을 채울 만한 미션을 준다. 아이들은 미션에 따라 주어진 과제를 수행하는데, 잘 모르거나 어려워하는 것들은 교사가 그때그때 설명을 해 주면서 활동을 하게 하면 된다. 미션 해결은 개인이 해도 되고, 2명씩 한 조로 묶거나 4~5명이 한 모둠이 되어 공동으로 해결해도 된다. 주어진 미션에 맞게 칸이 다 채워지면 빙고 게임 방식으로 답을 맞춰 가면서 확인하여 먼저 '빙고'를 외친 사람에서 상을 주면 된다.

'숲 탐사 빙고 게임판'의 예를 다음에 제시하니 참고하여 활용하면 좋을 것이다. 내가 숲 탐사를 할 때 사용했던 '숲 · 식물 탐사 활동'을 응용하여 활용해 보는 것도 좋다.

숲 탐시 빙고 게임

(   ) 모둠

(1) 9칸이나 16칸으로 나눈 8절 크기 종이를 준비한다.

(2) 숲에서 할 수 있는 과제들을 주는데, 과제 개수는 칸수와 똑같아도 되고, 그보다 많아도 된다.

① 잎이 2개씩 모여서 난 소나무 잎 주워 붙이기 ② 노랗게 피어 있는 꽃을 하나 따서 붙이고 그 나뭇가지 냄새 맡아 보기 ③ 이끼를 찾아보고 대강의 모습 그리기 ④ 도토리 하나 주워 붙이기 ⑤ 잎눈 한 개 따서 붙이기 ⑥ 꽃눈을 찾아 껍질 벗겨 속 모양 살펴 기록하기 ⑦ 소나무 씨앗 한 개 찾아 붙이기 ⑧ 냉이나 꽃다

지를 찾아 꽃 한 개 따서 붙이기 ⑨ 달걀 모양 낙엽을 주워서 붙이기. 무슨 나뭇잎인지 선생님에게 확인하여 쓰기 ⑩ 소나무의 암꽃을 찾아 대강의 모양 그리기 ⑪ 고사리 한 종을 찾아 작은 잎 따서 붙이기 ⑫ 진달래꽃을 찾아보고 수술은 몇 개인지 쓰기 ⑬ 낙엽을 긁어 내고 맨 아래쪽 낙엽은 어떤 형태를 하고 있는지 쓰기 ⑭ 낙엽 밑에 있는 흙 냄새 맡아 보고 그 느낌 쓰기 ⑮ 잎이 말라 있는 외떡잎식물의 줄기를 뜯어서 잘라 보기 ⑯ 사초 식물을 찾아서 줄기를 만져 보고 어떤 모양인지 쓰기 ⑰ 죽은 나무 밑에서 버섯 찾아 간단히 그리기 ⑱ 지의류를 찾아 어디에 붙어 있는지 쓰기 ⑲ 식물의 잎 중에서 냄새가 나는 잎이 있으면 찾아 붙이고 그 냄새 특징 쓰기 ⑳ 썩어 가는 나무 토막을 주워서 어떤 모양인지 설명하기 ㉑ 이 숲에서 키가 큰 나무들은 어떤 나무들인지 알아보기

(3) 아무 칸에나 제시된 과제를 해결한 결과를 그리거나 쓰거나 붙인다(나는 접착용 셀로판테이프를 이용해 나뭇잎이나 꽃잎 등을 붙이는 활동을 주로 했다).

(4) 모두 빙고판을 채웠으면 한자리에 모이도록 하고, 교사가 임의대로 번호를 부르면 아이들은 해당 칸에 표를 한다. 가장 먼저 '빙고'를 외치면서 앞으로 나온 팀이나 개인에게 준비된 상품을 준다.

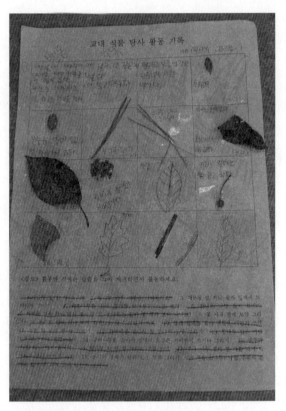

서울서정초등학교 4학년 아이들과 했던 교내 식물 탐사 활동지(2009
년)

숲 · 식물 탐사 활동지

(　　　)초등학교 (　)학년 (　　　　　)

손가락 사진기를 만들어 숲을 살펴보고 숲의 모습을 대강 그려 보세요.	숲에서 다음 각 층에서 제일 많은 나무의 이름을 쓰세요.	
	상층 (위)	
	중층 (중간)	
	하층 (아래)	

이 숲에서 제일 많은 나무의 잎을 따서 붙이고 이름과 특징을 적어 보세요		참나무 6종의 이름을 쓰세요.	
붙이기		밤나무처럼 잎이 길쭉한 것 (특징 한 가지 적기)	
이름		잎이 달걀 모양인 것 (큰 순서대로)	
특징 간단히 적기			

숲 학습을 할 때는 학습지를 활용하면 좋다

학년 단위 수련 활동을 가거나 체험학습을 갔을 때, 인솔하는 교사나 도움을 주는 학부모들이 관련 지식이 부족할 경우 그 분야 전문가나 또는 전문적 능력이 있는 교사가 나서서 베이스 활동을 하면 좋다. 학습할 주제를 정하고, 그에 따른 베이스를 몇 개 정해서 하면 특별한 능력이 없이도 효과적으로 학습을 진행할 수 있다.

다음에 나오는 학습지는 내가 문래초등학교에서 근무를 할 때 6학년 학생들과 수련 활동을 가서 주변 숲 체험 활동을 하고 작성했던 학습지다.

산초나무가 있는 곳, 소나무가 있는 곳, 외떡잎식물과 쌍떡잎식물에 대한 내용, 숲의 천이(변화), 천이 과정, 꽃을 피운 식물 관찰, 진달래 관찰, 소나무와 밤나무 관찰 등 10개의 베이스를 정한 다음, 각 베이스별로 한 개 반씩 7분간의 시차를 두고 출발해서 전 베이스를 돌면서 학습했던 내용이다.

학습할 대상 지역의 식물이나 동물(곤충)을 모두 학습할 수는 없지만, 이와 같은 방법으로 한다면 그중 몇 가지만이라도 의미 있는 학습 활동을 진행할 수 있다.

숲 체험 학습지

※ 해당되는 난에 선생님들의 설명을 듣고 기록하세요.

1. 산초나무를 찾아보고 물음에 답하세요.
    가. 산초나무는 어떤 음식을 만들 때 어떻게 이용되나?

    나. '아카시나무'나 '산초나무'의 잎은 작은 잎들이 모여서 하나의 큰 잎을 이루고 있는
        데, 이런 잎의 형태를 (   )겹잎이라 하고 참나무들처럼 하나의 잎이 독립적으로 달려
        있는 잎의 형태를 (   )이라 한다. '칡'이나 '담쟁이덩굴' 등 잎이 세 장씩 모여 나는
        것은 (   )겹잎이라 한다.
    다. 산초나무에는 가시가 있나?
        있다면, 가시가 (어긋나기, 마주나기)로 달려 있다.

2. 소나무의 나이를 알아볼까요?
    가. 나이테는 (   )이므로 (   )살이고, 가지가 났던 자리를 포함하여 가지 수가 (   )개
        이므로 대략 이 나무의 나이는 (   )살 정도로 추정된다.

3. 숲의 천이(변화)에 대하여 알아보겠습니다.
    가. 지금 이 숲에서 죽어 가는 나무들은 어떤 나무들인가?
    나. 죽어 가는 나무들과 세력 경쟁을 벌이면서 앞으로 이 숲을 지배하게 될 나무 종류는?

4. 외떡잎식물과 쌍떡잎식물에 대하여 공부하겠습니다.
    가. 주변에 보이는 키가 큰 식물 이름은?
    나. 그 식물의 죽은 줄기를 잘라서 속 모양을 확인해 보니 어떠한가?
    다. 뿌리의 모양은 어떠한가?
    라. 쌍떡잎식물과 외떡잎식물을 비교하기

	잎 모양 특징	줄기 모양 특징	뿌리 모양 특징
외떡잎식물			
쌍떡잎식물			

5. 주변에서 현재 꽃이 피어 있는 식물의 이름을 쓰고 간단히 특징을 기록하세요.

6. 숲의 천이(변화) 과정을 쓰세요.

    1, 2년생 풀 ▶ 관목(작은키나무) ▶ (   ) 숲 ▶ 참나무 숲 ▶ 신갈나무 숲

7. 진달래를 관찰해 보세요.
    가. 잎의 냄새는 어떠한가?
    나. (   )는 꽃이 먼저 피고 나서 잎이 나고 , (   )은 잎이 먼저 나고 꽃이 나중에
        핀다.

8. 소나무와 잣나무 비교해 보기

	우리 소나무(적송, 곰솔)	리기다소나무	잣나무
잎이 모여 난 개수	개	개	개

9. 밤나무를 찾아보고, 밤꽃 냄새를 맡아 보고 어떠한지 써 보세요.

10. 우리나라 중부 지방에서 자생하는 참나무 종류를 6가지 적어 보세요.

아이들과 함께한 숲 체험학습

다음 시는 2014년 서울신은초등학교 1학년 열매반 아이들과
함께 지양산으로 숲 활동을 가서 소나무를 관찰한 후 마인드맵을
이용하여 함께 썼던 동시다.

소나무
　　　　　서울신은초등학교 1학년 열매반

초록 바늘로 울타리를 쳐 놓고
한겨울에도 떡 버티고 서 있다
장승처럼 우뚝

겨울 바람도 무서워 피해 가고

눈송이도 잠시 내려앉았지만
바늘에 찔려

아이, 아파! 하며
땅 위로 곤두박질치고
무서워 달아난다

숲의 발달과 천이

가. 숲의 천이

숲은 시간이 흐름에 따라 변화 과정을 밟는다. 이것을 생태학적 용어로 천이(遷移)라고 한다. 식물 사회는 이 천이 과정 속에서 독특한 구조로 발달한다. 우리나라 중부 지방의 환경 조건 하에서 정상적인 식물의 변화 과정은 다음과 같은 순서로 나아간다.

> 맨땅이 드러난 곳은 한해살이풀(망초류, 쇠별꽃, 냉이류, 꽃다지 등) ⇒ 여러해살이풀(쑥, 토끼풀, 쇠뜨기 등) ⇒ 빛을 많이 필요로 하는 작은키나무(붉나무, 개옻나무 등) ⇒ 양수인 소나무 ⇒ 자랄 때 적은 빛에서도 자라는 나무(참나무류) ⇒ 더 적은 빛에서도 자라는 나무(서어나무, 신갈나무, 까치박달 등)

나. 극상림

서어나무, 신갈나무, 까치박달의 단계가 식물 사회(숲)의 가장 성숙한 모습이며, 이러한 숲을 극상림(極相林)이라 한다. 극상림의 단계까지 이르는 데 걸리는 시간은 150~200년 정도로, 가장 안정된 단계이자 자기 스스로 유지가 가능한 상태로, 생태계의 기반을 튼튼히 만들어 주는 단계다.

18. 들꽃 피는 교실

들꽃이 교실로 들어오다

내 친구 양지에게

안녕? 내 친구 양지야.

이제부터 너의 이름을 '꽃' 자를 뺀 양지라고 부를게. 그게 부르기 쉬울 것 같아서 말이야. 양지야, 넌 어두운 곳에서는 안 자라고 밝은 곳에서만 자란다면서? 그래서 햇빛을 많이 받아 노란색인가 보구나. 맨 처음에 너의 모습을 보았을 때는 자그맣고 꽃도 없고 못생긴 줄로만 생각했었거든. 그런데 그게 아니었어. 한 일주일쯤 지나니까 너에게는 꽃봉오리가 생기고 서너일쯤 꽃이 피기 시작했지. 난 너무 기뻤지만 한편으로는 서운하기도 했지. 네가 나의 실망감을 달래 주기 위하여 꽃을 피웠다는 것 말이야. 4월~6월에 피는데, 넌 4월 초에 다른 꽃보다 빨리 피웠지. 그러느라 지금 너의 잎과 줄기는 힘이 없고, 꽃도 밑으로 처지고 있는 것 같아. 물론 꽃 피는 것도 좋지만 네가 생생하지 않다면 꽃은 아무 소용없어. 그러니까 너무 힘들이지 마. 항상 밝은 곳에서 자라고 좋은 소화제로도 쓰이는 너와 앞으로 너와 세상을 밝혀 나갈 우리 반 친구들에게 희망이 되고 있는

양지야!

앞으로 지지 말고 천년만년 살거라.

2007년 6월 12일 인혁이가

이 글은 8년 전 서울서정초등학교 6학년 학생이 자신의 들꽃 친구인 '양지꽃'에게 쓴 편지다.

서울 목동 지역에 있는 서울서정초는 당시 학급당 인원수가 많은 다인수 학교였다. 한 반에 남자아이 20명, 여자아이 20명으로 모두 40명이나 됐다. 목동은 서울 도심의 다른 지역과 마찬가지로 사방이 온통 건물과 아스팔트 도로 등으로 둘러싸여 풀 한 포기 보기 힘들 정도로 자연과는 동떨어져 있었다. 그래서 아이들에게 자연을 돌려주기 위해 15년 전 서울문래초등학교에 근무할 때부터 학년 구분없이 해 왔던 '들꽃 피는 교실'을 운영하기로 하였다.

아이들 각자에게 운동장 구석이나 동네 어디서든 발견하는 들꽃 중 자기 마음에 드는 꽃을 화분에 옮겨 심고 가꾸는 생태 학습을 시키면서 마음 가꾸기의 일환으로 그들과 대화를 나누고 편지나 일기를 쓰게 했다. 교실 창틀에 각자의 들꽃 화분 한 개씩을 키우면서 특징을 알아보게 했더니 주변 친구들의 들꽃에 대해서도 관심을 갖기 시작했다. 관심의 대상이 넓어지자 생태 학습과 마음 가꾸기 학습도 더 잘 됐다.

식물을 키우고 가꾸는 활동은 저학년으로 내려갈수록 더 관심 있게 잘 한다. 고학년으로 올라갈수록 정적인 식물보다 동적인 곤충이나 동물에 더 관심을 갖지만, 서울 같은 도시에서 동물을 키우거나 관찰하기는 쉽지 않다. 그래서 손쉬운 들꽃 가꾸기를 해마다 거르지 않고 해 오고 있다.

이런 활동을 여러 사람과 공유하기 위해 학급 카페 '들꽃 피는 교실'도 운영하고 있다. 다음은 내가 '들꽃 피는 교실' 카페에 올린 글 한 토막이다.

해마다 나는 학급을 맡으면 아이들과 소위 '잡초' 키우기를 한다.

'잡초는 없다'라는 책도 있지만 원래 잡초는 없다. 다들 나름대로 소중한 생명으로 이 지구상에 태어나서 다른 생명체들과 교감하며 서로 도움을 주고받으면서 당당한 생태계의 일원으로 살아가고 있지만 사람들은 자신들의 잣대로 재어서 쓸모가 없는 것들을 통칭하여 '잡초'라고 한다.

그렇지만 그 잡초에게 아이들과 눈길을 마주치게 하고 싶어 해마다 이들을 교실로 데려온다.

고학년으로 올라갈수록 큰 관심을 보이지 않지만 학년이 내려올수록 재미있어 하고 많은 관심을 보인다.

우리 교실에는 아이들 한 명, 한 명이 다 자기 꽃이 있다. 틈틈이 관찰도 하고 편지도 쓰고, 이웃 아이들의 식물에도 관심을 가져 보도록 하고 있다.

우리 교실에서 크고 있는 들꽃들의 이름을 나열해 보면, 엉겅퀴, 부처손, 돌나물, 긴병꽃풀, 지칭개, 벼룩나물, 점나도나물, 쇠별꽃, 춘란, 뚝새풀, 새포아풀, 뽀리뱅이, 민들레, 달맞이꽃, 망초, 개망초, 짚신나물, 애기똥풀, 벌씀바귀, 선씀바귀, 제비꽃, 종지나물, 뱀딸기, 쑥, 자주괴불주머니, 고들빼기, 금창초, 맥문동, 방가지똥 등 30여 가지에 이른다.

물론 이들 중에는 같은 들꽃을 두세 명이 자기 것으로 한 것도 있다. 클로로피텀 등 외래종도 2~3종 있다.

다음은 서울목은초등학교에서 '들꽃 피는 교실'을 운영하는 허순희 선생님이 소개해 준 에피소드 한 토막이다.

처음에 반 아이들에게 작은 화분을 하나씩 가지고 오면 자기 꽃 한 그루씩 가질 수 있다고 하니까 아이들이 반신반의하는 거였습니다. 꽃이라 하면 꽃집에서 파는 크고 화려한 것들만 보아온 터라.

그렇지만 화분을 가지고 온 아이들과 함께 3월 말의 어느 날 한 시간을 내어 운동장 구석을 돌면서 가급적 같은 종은 피하고 보이는 녀석들을 화분에 정성껏 옮겨 심고 교실로 옮겨 왔습니다.

그러고는 그들을 잘 관찰하고 편지도 써 주고, 이름도 붙여주며 친하게 지내라고 하였습니다.

그랬는데, 워낙 이런 데 관심을 가질 나이가 아니라서 그런지 많은 아이들은 시큰둥해 했습니다. 그러나 몇몇 아이들은 자신의 꽃에 대한 사랑과 관심을 많이 주기도 합니다. 물도 주고 변화하는 모습을 틈틈이 관찰하기도 합니다. 어느 날 하루는 과잉행동장애를 보이는 아이가 달려와서는 "선생님, 제 꽃에 꽃이 피었어요!"라면서 좋아하는 모습을 보일 때 나도 덩달아 반가웠습니다. "그래, 어디 보자. 와! 그렇구나. 누구는 예쁜 꽃도 가질 수 있어서 참 좋겠다." 하며 맞장구를 쳐 주자 흐뭇해 하는 모습이 선합니다.

그리고 우리 학년 선생님들이 와서 보고는 "와! 잡초가 더 좋다. 선생님 너무 좋아요. 우리 반도 하게 도와주세요." 이런 요구를 받고 2개 반에서 나의 도움으로 우리 반 흉내를 내고 들꽃 가꾸기를 하게 되었답니다.

서울서정초등학교 6학년 교실(2007년).

서울서정초등학교 1학년 아이들이 교실 창틀에서 식물 관찰을 하고 있다(2011년).

서울서정초등학교 1학년 아이들이 자기 식물 그리기를 하고 있다(2011년).

계절별로 심고 가꾸기에 적당한 들꽃들

● 봄에 심어 가꿀 만한 들꽃들

별꽃, 쇠별꽃, 광대나물, 냉이, 꽃다지, 황새냉이, 말냉이, 제비꽃, 호제비꽃, 잔털제비꽃, 졸방제비꽃, 콩제비꽃, 지칭개, 뿌리

뱅이, 씀바귀, 좀씀바귀, 선씀바귀, 벌씀바귀, 금창초, 주름잎, 꽃
마리, 참꽃마리, 뱀딸기, 참새귀리, 개밀, 개쑥갓, 피나물, 산괴불
주머니, 민들레, 애기똥풀, 현호색 등

● 여름에 심어 가꿀 만한 들꽃들

　망초, 개망초, 소리쟁이, 붓꽃, 메꽃, 박주가리, 포아풀, 엉겅퀴,
조뱅이, 짚신나물, 왕고들빼기, 방가지똥, 등골나물, 마타리, 맥
문동, 오이풀, 이질풀, 쥐손이풀, 명아주, 강아지풀 등

● 가을에 심어 가꿀 만한 들꽃들

　쑥, 쑥부쟁이, 산국, 감국, 고들빼기, 이고들빼기, 참취, 개미취,
미역취, 서양등골나물, 눈괴불주머니, 비비추, 억새, 갈대, 달뿌
리풀, 산부추, 가을강아지풀 등

들꽃 피는 교실은 어떻게 관리할까?

● 아이들에게 각자 화분 1개씩 준비하게 한다

　화분은 지름 15~25cm쯤 되는 둥근 모양으로 준비하는 것이 좋
다. 형편이 안 되면 그보다 작은 화분을 준비해도 되지만 식물들
중에는 키가 50cm 이상 자라거나, 덩굴식물 등 키가 큰 것도 있
기 때문이다. 이런 식물 종은 뿌리를 깊이 박고 살기 때문에 화분

도 커야 한다. 제비꽃이나 씀바귀같이 키가 작은 식물은 작은 화분에 심어도 된다. 꼭 둥근 화분을 고집할 필요는 없다. 네모난 화분도 되고, 포장 상자로 사용했던 스티로폼상자 바닥에 구멍을 뚫어서 이용할 수도 있다. 나무나 PVC를 이용해 만든 상자도 괜찮다.

● 화분에 흙과 거름을 넣는다

일반 화초를 심는 것과 같은 방법으로 하면 된다. 화분 바닥의 물 빠짐용 구멍을 화분 철망으로 막거나 작은 돌로 막아서 모래나 흙이 밖으로 빠져나가지 않게 한다. 화분 바닥의 4분의 1 정도는 모래로 채운다. 그 위에 화단 흙을 4분의 1쯤 채운다. 그 위에 유기질 거름을 4분의 1쯤 채우고 다시 화단 흙을 5분의 1쯤 채워서 흙이 화분 밖으로 넘치지 않도록 한다. 이때 화단 흙과 유기질 거름을 함께 섞어 모래 위에 채워도 된다.

● 심고 가꿀 식물을 찾는다

학교 운동장 구석이나 인근 동네 골목을 돌면서 심을 만한 들풀을 찾는다. 아이들은 자기 화분에서 피는 꽃이 크고 예쁠수록 좋아한다. 그렇다고 꼭 그럴 필요는 없다. 사람도 큰 사람, 작은 사람이 있고 모두 다 소중한 생명인 것처럼, 들꽃 역시 꽃이 큰 것도 있고 작은 것도 있는데 모두 소중한 생명이라는 것을 함께 생각하며 학습하는 기회를 가질 수 있는 것이다. 아이들 모두에게 가급적 다른 종류의 들꽃들을 심게 해서 가꾸면 서로의 꽃에 대한 정보도 공유하고 학습할 기회를 얻을 수 있어 바람직하다.

● 화분에 들꽃을 심는다

모종삽을 이용해 화분의 흙을 조금 떠낸 다음 화분 가운데에 들꽃의 뿌리를 잘 펴서 넣고, 모종삽으로 떠낸 흙을 다시 덮어 손으로 꼭꼭 눌러 준 다음 충분히 물을 준다.

● 들꽃 화분 관리는 다음과 같이 한다

① 꽃을 심고 난 후 처음 4~5일은 매일 물을 주며 들꽃이 마르지 않게 한다.

② 5일가량 지나면 새로운 뿌리가 내리기 시작한다. 그때부터는 2~3일에 한 번씩만 물을 준다. 물을 매일 주거나 자주 주면 뿌리가 썩기 때문에 주의해야 한다.

③ 화분에 심은 들꽃은 가급적 햇빛이 잘 비치는 곳에 두고 키우는 것이 좋다. 창틀에서 키울 때, 여름에 태양 고도가 높아지면 햇빛을 잘 받을 수 없어 식물이 자라기에는 적당하지 않지만, 그래도 아침저녁 햇빛을 받을 수 있기 때문에 괜찮다. 그러나 봄가을에는 제법 햇빛이 비치는 시간이 길어서 교실 창틀에서도 잘 키울 수 있다. 일주일에 4일은 햇빛이 잘 비치는 곳으로 옮겨서 키우고 나머지 3일은 교실 창틀에서 가꾸면서 관찰하는 것도 하나의 방법이다.

④ 바람이 잘 통하는 곳에서 키운다. 모든 동식물은 햇빛만이 아니라 달빛, 별빛, 바람, 비 등 자연의 기운을 받아야 잘 자란다. 따라서 교실 안에서 키우면서 교실 창문을 닫아 놓고 키우게 되면 진딧물이 끼거나 해서 식물들이 싱싱하게 잘 자라지 않을 수 있다. 가급적이면 창문 밖 창틀에서 키우는 것이 바람직하고, 그것이 어려워 창문 안쪽에서 키울 때에는 자주 창문을 열어서 바람이 통하도록 해 주는 것이 바람직하다.

⑤ 거름을 따로 줄 필요는 없다. 들꽃은 원래 거름 성분이 없는 야생에서도 잘 자라기 때문에 처음 화분에 옮겨 심을 때 넣어준 유기질 거름 정도면 영양 관리는 별도로 하지 않아도 된다. 오히려 거름이 지나치면 필요 이상 빨리 자랐다 시들어 버려 들꽃이 갖고 있는 특성을 파악하는 데 도움이 되질 않는다.

● 한 철이 지나면 다른 식물로 교체해 준다

식물에 따라서 꽃 피는 시기가 다양하다. 식물들은 꽃이 피고 열매를 맺으면 얼마 지나지 않아 시들어 버린다. 그럴 때는 다른 식물로 대체를 하여 키우면 좋다. 냉이, 꽃다지, 씀바귀같이 봄에 꽃이 피는 식물은 5월이 지나면 여름에 꽃이 피는 식물로 바꾸어 가꾸는 것이 좋다. 산국이나 쑥부쟁이처럼 봄에 싹을 틔우고 여름을 지나 가을에 꽃을 피우는 식물은 생육 기간이 길어서 꽃을

서울서정초등학교 1학년 학생이 자신이 키우는 들꽃에게 쓴 편지(2011년).

빨리 볼 수 없으므로 여름이나 초가을에 옮겨 심어 가꾸는 것이 좋다. 물론 봄부터 심어 생육 과정을 관찰하는 것도 바람직하지만 학생들은 자신의 들꽃이 빨리 꽃을 피우고 열매를 맺는 과정을 보고 싶어 한다.

우리의 생태 환경도 국어와 국토처럼 공부해야

우리는 그동안 우리 생활에 큰 도움이 되지 못하거나 눈에 띄지 않는 식물을 '잡초'라고 부르며 천대를 했다. 그러나 그들은 잡초가 아니라 다 고유의 이름을 가지고 있고, 생태계의 일원으로 자신만의 역할이 있다. 생태계 속에서의 그들의 가치를 찾지 못한 것은 바로 우리다.

예를 들어, 흔하디 흔한 애기똥풀은 꽃도 화려하지 않고 독초라서 소도 먹지 않지만 개미들이 그 열매를 좋아한다고 한다. 열매 꼬투리 속에 작은 흑색의 씨가 들어 있는데, 그 씨앗 속에 엘라이오솜이라는 지방산과 아미노산, 포도당 등으로 만들어진 화학물질이 붙어 있다고 한다. 개미는 이것을 좋아해 열매를 물고 집으로 운반한 뒤 껍질을 벗겨 먹는다. 그러다 보면 남아 있는 씨앗에서 애기똥풀 싹이 틀 기회를 얻을 수 있다. 애기똥풀은 개미에게 맛있는 먹이를 제공하고 개미는 애기똥풀 2세를 다른 곳에서 자라게 해 종 보전에 협력하는 셈이다.

페니실린의 원료가 되기 전까지 푸른곰팡이는 사람들이 싫어하는 자연 물질이었다. 버섯 중에는 독버섯이 많아서 잘못 먹으면 중독이 되어 크게 앓거나 죽기도 한다. 사람이나 동물들이 꺼려 하며 피하다 보니 죽은 나무 둥걸이나 가지 등에는 버섯들이 무성하다. 그런데 이 버섯들은 죽은 나무나 나뭇잎들을 썩게 해 자연으로 돌려보내는 역할을 한다. 자연계의 순환을 위해서 없어서는 안 되는 귀중한 일을 하고 있는 것이다.

칡이나 아까시나무는 한동안 무덤 속으로 파고드는 식물이라느니, 다른 식물의 생육을 방해하는 숲 생태계 교란 식물이라느니 하면서 천대를 받은 적도 있다. 그러나 칡이나 아까시나무 등 콩과 식물은 메마른 땅에서도 잘 자라서 개척자 구실을 한다. 콩과 식물이 개척해 놓은 땅에는 질소 성분이 풍부해서 다른 식물이 자라기 좋은 환경으로 바뀐다고 한다. 그 기간이 대략 30~40년으로, 다른 나무들이 자라기 시작하면 콩과 식물은 서서히 말라죽는다. 숲 개척 식물로서 생태계에 중요한 역할을 하는 것이다. 아까시나무는 또한 밀원 식물로서 우리나라에서 생산되는 꿀의 약 80%가 아까시나무 꽃에서 나올 정도로 귀중한 역할을 하고 있다.

숲 생태에 대해 잘 모르면 아까시나무의 예에서 보듯 잘못된 정보로 그 역할을 잘못 이해할 수 있다. 이런 학습을 통하여 주변의 자연과 친해지고, 우리 주변의 동식물부터 익혀 가는 것은 국영수를 공부하고, 우리 국토를 아는 것 못지않게 중요한 공부임에 틀림이 없다. 그럼에도 대부분의 국민이 이 분야에 대해 무관심하거나 무지한 것은 우리나라 교육이 유럽의 학교들처럼 유치원 때부터 숲이나 자연 속에서 이루어지지 않고, 교실과 학교 울타리 안의 폐쇄된 공간에서 책이나 영상물에 의존해 왔기 때문이다. 참으로 안타까운 현실이 아닐 수 없다. 다행히 근래에 많은 혁신학교에서 이런 병폐를 인식하고, 학생들을 자연 속으로 데리고 나가 자연과 친해지는 교육을 하는 것은 참으로 바람직한 일이라 하지 않을 수 없다.

독일에서 학위를 받고 모 대학 생명공학과 교수로 재직하고 있는 분의 말에 따르면, 독일에서는 일반인도 우리나라의 식물 연구자들보다 주변의 식물에 대해 더 많이 알고 있단다. 그러면서 자연과학을 전공하겠다고 입학한 대학생 가운데 식물을 10종 이상 아는 학생이 거의 없는 것에 놀랐다고 말했다. 이는 학생들만의 문제가 아니다. 나는 그 동안 많은 초·중·고등학교 교사들을 만나 봤는데, 그들 중에서도 우리 주변의 식물 이름을 10종 이상 아는 교사는 20%도 안 되었다. 우리 기초과학의 토대가 얼마나 취약한가를 방증한다 하겠다. 내가 교육대학에서 공부할 때, 실과 교육 시간마다 온실의 화초를 20개씩 보여 주고, 그 화초들의 이름을 외우게 해서 학점을 주던 교수가 있었다. 그때는 학생들 모두 짜증을 많이 냈는데, 지금 와서 보면 그때 공부했던 것들이 많은 도움이 된다. 당시 화훼 식물만이 아니라 주변의 들꽃들을 그런 방법으로 가르쳐 주었으면 더 좋았지 않았을까 생각해 본다.

'아는 만큼 보이고 보이는 것만큼 사랑하다'는 유명한 말이 있다. 그렇다면 우리 교육도 우리의 말과 글, 우리의 역사와 문화와 더불어 우리 자연을 아는 공부가 그 어떤 교육 못지않게 중요하다고 생각한다.

따라서 지금 가장 소홀히 하고 있는 우리의 자연을 제대로 알기 위해, 먼저 우리 주변의 목본 20종과 초본 20종, 화초 20종 알기를 초등학교 교육과정에 포함하고 국민운동으로 전개하면 어떨까 생각해 본다.

들꽃을 주제로 한 창체 교수–학습 지도안 사례

단 원	들꽃 알아보기		차시	1/2	지도교사	허 순 희
학습 주제	♣ 산과 들, 학교 뜰의 꽃				대상	6학년 11반
학습목표	♣ 산과 들, 학교 뜰에 있는 들꽃을 찾아보고 나의 생각을 여러 가지로 표현할 수 있다.					

학습 흐름	교수–학습 활동	시간 (분)	자료 및 유의점(·)
동기 유발	◎ 학습 분위기 조성 ㅇ 산과 들에 피어 있는 들꽃 알아보기 ·천마산에 피어 있는 봄꽃 보여 주기	5′	인터넷을 이용하여 봄꽃을 보여 준다.
학습목표 알기	◎학습 문제 제시 ㅇ 산과 들, 학교 뜰에 있는 들꽃을 찾아보고 나의 생각을 여러 가지로 표현해 보자.		
탐색 활동	◎ (활동1) 우리 반의 들꽃 왕은 어느 모둠? ㅇ 어떤 들꽃들이 있는지 교실 화분에 있는 들꽃들을 둘러본다. ㅇ 학습지에 내가 알고 있는 들꽃들을 모둠별로 적는다. ㅇ 모둠장이 앞에 나와서 들꽃 이름을 말한다. ㅇ 들꽃 왕으로 뽑힌 모둠에게는 칭찬 스티커로 보상한다.	10′	들꽃이 심어 있는 화분 학습지 칭찬 스티커
	◎ (활동2) 마음을 주고받을 친구 만들기 ㅇ 나의 친구로 만들 들꽃을 선택한다. ㅇ 친구가 된 들꽃을 잘 관찰한다. ㅇ 들꽃 친구의 모습을 그리고, 들꽃 친구에게 편지를 쓴다. ㅇ 들꽃 친구의 모습을 보여 주고, 편지를 친구들에게 읽어 준다.	20′	돋보기 색연필 학습지 식물 화상기
문제 해결	◎ (활동3) 식물이 주는 이로움 알기 ㅇ 꽃이나 나무는 우리에게 어떤 도움을 줄까요?		
정리 및 형성 평가	◎ 학습 정리 ㅇ 내가 알고 있는 들꽃을 이야기해 볼까요? ·개망초, 서양민들레, 양지꽃, 제비꽃, 쇠별꽃, 산괭이눈, 뽀리뱅이, 달맞이꽃, 붉은토끼풀, 애기똥풀, 괭이밥, 꽃마리, 소리쟁이, 벋음씀바귀, 갈퀴덩굴, 뱀딸기, 냉이, 살갈퀴 등	3′	
	◎ 들꽃 관찰 기록하기 ㅇ 교실에 있는 들꽃을 하나 정하여 그 들꽃에 대하여 관찰 기록한다.	2′	
차시 예고			

19. 학교 근처 산으로 자연 나들이

움츠렸던 대지에서 피어나는 봄의 향연

"선생님, 노란색 이 꽃은 이름이 뭐예요?"

"응, 민들레라고 해요."

"민들레?"

"아, 그림책에서 많이 봤어요."

"그렇죠? 봄에 많이 피는데, 우리 학교 울타리 근처에서도 많이 볼 수 있어요. 혹시, 이 꽃 본 적이 있는 사람 손들어 봐요."

"저요."

"저요."

많은 아이들이 손을 든다.

"그럼, 〈민들레〉 노래를 한 번 불러 볼까요?"

"길가의 민들레도 노랑 저고리/ 첫돌맞이 울 아가도 노랑 저고리…."

겨우내 움츠렸던 대지에 3월 말쯤 되면 봄을 알리는 꽃들이 싹과 함께 쏘옥쏘옥 고개를 내밀기 시작한다. 냉이, 꽃다지, 민들레, 황새냉이, 제비꽃, 광대풀, 개불알풀, 별꽃 등은 우리나라 중부와 남부 지방 어디에서도 흔하게 볼 수 있는 풀꽃이다. 이 풀꽃들은 예쁘거나 색깔이 화려하지 않아서 사람들의 눈길을 끌지 못할지도 모른다. 하지만 찬찬히 들여다보면 어느 꽃 하나 예쁘지 않은 꽃이 없다.

사람들이 평생을 살면서 시집 장가갈 때만큼 예쁘고 고울 때가 없다는데, 바로 보잘것없어 보이는 이 작은 들꽃들의 일생에서 가장 화려한 시기가 바로 이때다. 자연 속의 한 구성원으로서 2세를 생산하기 위해 가장 아름다운 자태로 자신의 짝지를 유혹하고 있는 것이다.

자연의 생태계 속에서 호흡하며 살아가는 무수한 생명체는 다 그럴 것이다. 어느 생명체 하나 이유 없이 존재하지 않고, 어느 생명체 하나 생태계의 구성원으로서 역할이 없지 않다. 다음은 서울신은초등학교 초록 동아리 민은하 회장님이 동아리 카페에 올린 글을 퍼 왔다.

이젠 봄이 무르익고 있다. 마른 풀밭에도 싱그러운 초록빛 카펫이 펼쳐지고 있는 것을 보면 겨울을 무던히 버티고 얼굴을 든 아기자기한 녀석들이 보인다. 그동안 땅속에서만 듣던 세상 살이가 얼마나 궁금했던지….

이 녀석들 나오자마자 얼굴에 환희가 가득하다. 사각사각 걸으며 지저귀던 산새소리, 해님이 다가와 따뜻한 입김으로 토닥거리던 노랫소리, 아이들이 조잘조잘 대며 뛰노는 소리 등을….

얼마나 인내를 가지고 추운 겨울을 벼텨 왔을까? 빨리 나가야겠다고 응석을 부리며 투정이나 안 했는지 궁금해진다.

걷는다는 것만으로도 축복인 날들이고, 본다는 것만으로 감사한 날들이다. 주위를 둘러보면 천천히 걷는다는 것만으로도 철학을 배우고 우주를 들여다보는 듯하다. 굳이 시인이 되지 않아도 우린 가슴을 흔드는 감동의 말 씨앗을 품고~ 굳이 화가가 아니더라도 우린 마음의 도화지에 오색 가득한 세상을 그려 본다. 요 근래는 하루가 1초처럼 훅 지나간다. 거의 매일 오르던 아침 산책도 통 못 하니 몸이 근질근질 간지럽다. 꽃잔치는 여기저기서 열리는데 이렇게 좋은 날에 몇 시간 동안 책상에 앉아 있자니 좀이 쑤신다. 주말이 되어야 마음을 보듬어 주는 옛 친구들을 만나듯 산에 오르니 그 친구들이 토라져 삐져 있는 듯하여 오늘은 집에 오자마자 물 한 병 손에 들고 산에 올랐다. 얼마나 신이 나서 놀고 있던지 내가 오는 줄도 모르고 흥이 넘친다.

어제 아이들을 등교시키고 버스를 타기 위해 정류장으로 가고 있는데 대여섯 살쯤 되어 보이는 남자아이가 엄마한테 혼나서 훌쩍거리며 울고 있었다. 들으라고 한 건 아니었건만 어찌하다 보니 귀동냥으로 아이 엄마의 화난 목소리가 들려왔다. 이유인즉 아이가 구구단을 못 외운다는 것이었다.

"6 곱하기 7은 뭐야?"

…

"그럼 8 곱하기 5는?"

…

"도대체 몇 번을 했는데 아직도 못 하니? 그럼 2단부터 다시 해 봐!"

"이일은 2, 이이는 4, 이삼은 6…."

아이가 훌쩍거리면서 한 손으로는 동생의 유모차를 붙잡고 고개를 숙인 채 한 걸음 한 걸음 걸으며 읊조리는 것을 보니 안

쓰러웠다. 구구단은 2학년 2학기 때부터 교과에 들어 있는 걸로 아는데, 아이는 거의 4년의 선행 학습을 미리 하고 있으니 어찌 보면 그 나이에 수의 크기를 안다는 것만으로도 똑똑하건만 무엇이 그리 엄마를 불안하게 만들었을까?

하지만 기분 좋게 시작해야 할 아침 시간에 아이는 마음이 상했을는지 모르는데 힘찬 하루가 될 수 있을까 의문이 든다. 좀 더 일찍 하면 학습 면에서 아이가 초등학교 들어갈 때 좀 더 수월할 수 있을지는 모르지만 아이는 지금 누려야 할 또 다른 기쁨을 뺏기고 있는 건 아닌지 안쓰러운 마음이 든다.

쭈그리고 앉아 땅을 보고 있으면 열심히 흙을 나르는 개미를 통해 인내를 배우고, 맡은 바 책임을 완수하는 자기 본연의 임무를 엿볼 수 있을 것이고, 또 꽃방석 모양의 넓은 잎에 가느다란 목을 가진 봄맞이꽃을 손바닥으로 쓰다듬으면 강아지풀로 목덜미를 간지럽히듯이 간질간질하다는 것도 알면 좋으런만.

신호등 앞에 서 있는데 아이는 어느새 울상 가득 얼굴 찌푸리며 8단을 외우며 오고 있다. 아이가 이 봄의 꽃들처럼 팔팔하고 싱그러운 모습이면 좋겠다.

아이들을 자연으로 돌려보내야 인간의 가장 원초적 본능을 일깨울 수 있다. 거기에 인간의 내면을 여유롭고 풍성하게 하는 원동력이 있지 않을까 생각한다. 자연을 떠난 인간은 활동 공간을 잃고 동물원에 갇혀 있는 동물과 무엇이 다르겠는가? 자연 속에서 풀을 뜯고 사냥을 하면서 자연과 호흡하며 살아가야 할 의미가 없는 것이다. 사육사가 던져 주는 먹이를 어쩔 수 없어서 받아먹는 동물과 무엇이 다르겠는가?

벌과 나비는 대가 없이 수많은 꽃들로부터 꿀을 얻어먹는 것 같지만, 그 과정에서 몸에 묻은 수술의 꽃가루를 암술머리에 옮겨 수분(꽃가루받이)이 일어나게 돕는다. 하잘 것 없어 보이는 이름도 모르는 수많은 곰팡이균도 죽은 나무를 썩게 하고, 죽은 동물의 시체를 분해하여 다시 자연으로 돌려보내는 일을 한다.

이런 자연의 신비한 이치를 말로 다 설명할 수도 없고, 그래서도 안 된다. 부모님을 따라, 또는 선생님을 따라 산과 들로 나가서 만나는 자연을 다시 교실로 가져와야 자연과 생태를 느끼고 배울 수 있는 것이다.

산에서 할 수 있는 활동

• 봄에 만날 수 있는 들꽃들

봄까치꽃   현호색

종지나물(미국제비꽃)

산괴불주머니

냉이

황새냉이

꽃다지

양지꽃

생강나무

진달래

- 오감을 통한 활동

자연의 생태를 관찰하는 데는 오감을 이용하여 접근하는 것이 가장 바람직하다. 물론 과학 시간에 하는 관찰 활동도 이 오감을 떠나서는 이루어질 수 없다. 그중의 으뜸은 역시 시각이다. 눈으로 하는 관찰 활동이 최고다. 사물을 보면서 형태와 색깔, 크기, 느낌 등 모든 감각 활동이 일어나는 것이다. 이 시각을 통한 관찰 활동의 중요성에 대해서는 더 이야기할 필요가 없다. 오히려 다른 감각 활동들을 어떻게 활용할 것인가에 대하여 몇 가지 해 볼 만한 내용들을 소개한다.

- 식물의 열매, 잎, 줄기, 뿌리 등 먹어 보기

산이나 들에서 자라는 식물들은 대부분 먹을 수 있다. 특별히 독이 들어 있는 식물도 삶으면 독이 빠지기 때문에 생명에는 지장이 없다. 고사리는 일종의 독초지만 삶아서 독을 우려 낸 다음 여러 가지 양념을 하면 맛있는 반찬으로 먹을 수 있다.

그렇지만 아무 식물의 열매나 잎을 따서 먹기는 좀 꺼림직하다. 그래서 우리가 잘 알고 있는 나물이나 식용하는 식물을 알아 두면 아이들과 자연 탐사 활동이나 체험활동을 할 때 많은 도움을 받을 수 있다. 이런 활동을 통해서 아이들에게 자연은 더욱 친밀하게 다가갈 것이다.

뱀딸기 따 먹기는 자연에 훨씬 친밀하게 다가갈 수 있는 방법이다.

궁금주머니 속 자연물 알아맞히기는 감각 학습에 도움을 줄 수 있다.

① 열매를 따 먹을 수 있는 식물: 머루, 다래, 으름덩굴, 보리수, 보리밥나무, 청미래덩굴, 산딸기 · 뱀딸기 등 딸기 종류와 고욤, 복사나무 열매, 돌배, 아그배, 산사나무 열매 등

② 줄기를 먹을 수 있는 식물: 찔레순, 청미래덩굴순, 삐리, 두

릅나무 등

③ 잎이나 줄기를 나물로 먹는 식물: '○○나물'이라는 이름이
붙어 있는 식물. 쑥, 씀바귀, 고들빼기, 민들레, 망초, 개망초
등 국화과 식물은 대부분 독이 없어 먹어도 인체에 지장이
없다. 냉이, 꽃다지, 갓, 무, 배추, 유채 등 십자화과 식물과
달래, 산마늘, 산달래 같은 백합과 식물

④ 독이 있는 식물: 흰독말풀, 나팔꽃, 복수초, 할미꽃, 석산, 수
선화, 주목, 철쭉, 팥꽃나무와 협죽도 등. 우리 주변에 숨어
있는 독초로는 등대풀, 동의나물, 미나리아재비, 바람꽃, 사
위질빵, 투구꽃, 박새, 붓순나무, 독미나리, 백선, 자리공, 쥐
방울덩굴, 반하, 천남성 등

● 식물의 잎이나 줄기 등의 향기 맡아 보기

식물의 꽃은 아까시나무 꽃처럼 향긋한 향기가 나는 것이 많
다. 칡꽃이나 찔레꽃의 향도 좋다. 그런 꽃들의 향기를 맡으면서
다가가는 것도 바람직하다. 그런가 하면 잎이나 줄기를 따서 냄
새를 맡으면 독특한 향기가 나는 식물들도 있다.

① 산초나무, 초피나무 열매

② 소나무, 잣나무, 향나무, 노간주나무, 측백나무, 편백나무,
삼나무 등 침엽수들

③ 백합과 식물들인 달래, 산달래, 산부추, 무릇 등

④ 쑥, 오이풀, 배초향, 향유, 꽃향유 등

⑤ 쑥을 이용한 모깃불 피우기

⑥ 솔가지를 태우면서 나는 냄새 맡아 보기 등

● 소리를 들어 볼 수 있는 식물들

딱총나무는 줄기를 부러뜨리면 '딱, 딱' 소리가 난다고 하여 붙여진 이름이다. 이런 특징을 알고 관찰하면 도움이 된다. 대나무도 쪼개지는 소리를 들어 볼 수 있다. 개암열매 등을 깨물면 나는 소리나, 호두나 가래 등을 깨 보면서 소리를 들어 볼 수도 있다.

대나무나 보릿짚같이 속이 비어서 마디가 있는 볏과 식물을 태워 보면 마디가 깨질 때 나는 소리들이 특이하다.

● 촉감을 통한 자연 느끼기

주머니 속에 여러 가지 자연물을 넣고 손을 집어넣어 그 속에 들어 있는 물체를 알아맞히는 게임을 할 수도 있다. 또는 내 나무 찾기 등의 게임을 하면서 나무줄기의 촉감을 느껴 보며 자연 느끼기 활동을 할 수도 있다.

내 나무 찾기 게임은 손과 몸의 감각, 촉감을 이용하는 놀이다.

봄 동산의 들꽃을 찾으며 자연을 느끼는 아이들

2014년 4월 7일, 초등학교에 입학한 지 겨우 한 달째인 1학년 꼬맹이 24명과 이들을 돕기 위해 도우미로 참여한 4명의 엄마가 학교에서 10여 분 거리에 있는 서울 양천구와 부천시를 경계 짓는 지양산으로 봄나들이를 갔다.

서울신은초등학교는 2011년 9월 1일 개교를 했다. 개교와 동시에 혁신학교로 지정됐다. 당시는 곽노현 교육감 시절로, 서울에 혁신학교가 도입되어, '도대체 혁신학교는 어떤 교육을 하는 곳인데?'라는 기대와 함께 특별한 관심을 가지고 바라보던 시기이기도 하다.

봄의 들녘에서 학습지에 준 미션을 해결하기 위하여 양지쪽 들꽃을 찾는 아이들

여느 혁신학교들도 그렇고 일반 학교에서도 요즘은 주제 통합 학습 또는 프로젝트 학습이 대세를 이루고 있다. 그런데 많은 주제 가운데 '자연'과 '생태'는 빼놓을 수 없는 단골 주제다. 자연과 생태는 과학 또는 실과, 음악, 미술 등 여러 교과에 걸쳐 있어 주제 통합 방식으로 운영하기에 딱 맞는 주제이기도 하다. 여러 교육과정 중에서 자연과 생태만큼 큰 비중을 갖고 있는 주제가 드물 정도로 중요한 주제이다. 자연을 과학적 방법으로 탐구하고 분석하는 활동도 중요하지만, 나날이 악화되는 지구 환경을 보전하기 위해 자연과 생태를 이해하는 학습 또한 그 어떤 내용 못지않게 중요하다. 더 중요한 것은 생태적 감수성이 활발한 시기인 초등학교 1학년 아이들에게 자연 속에서 자신을 느끼고 발견하게 하는 활동이야말로 인간의 원초적 본능에 다가가는 활동인 것이다.

그런데 갓 입학한 1학년 아이들 20여 명을 혼자 돌보면서 봄맞이 활동을 하는 것은 쉽지 않다. 그렇기 때문에 때론 학부모들에게 도움을 청하기도 한다.

숲에서 놀면서 자연을 만나고 느끼는 활동은 그 어떤 활동 못지않게 아이들의 심성을 차분하고 평화롭게 하여 정서 발달에 많은 도움이 된다.

"여러분, 방금 나누어 준 학습지에 칸이 몇 칸 있어요?"
"9칸이요."
"그럼 그 칸에 식물 이름들 써 있는 것 보이나요?"
"냉이, 꽃다지, 황새냉이, 민들레라고 쓰여 있어요."
"그럼 지금부터 선생님하고 그 꽃들을 찾아볼까요?"
"네. 좋아요."
　　교사가 아이들에게 꽃 색깔과 모양 등을 이야기해 주면서 그 꽃을 찾아보라고 한다. 물론 여러 가지 꽃을 지적할 수도 있다. 그렇지만 특징을 이야기해 주면서 찾으라고 하면 곧잘 찾는다.

자연 학습 겸 봄나들이를 갈 때는, 가서 자연을 느끼는 활동도 좋지만 뭔가 쥐어 주고 나가야 목표 의식도 분명하고 집중력도 높아진다. 또한 그런 목표 의식과 함께 과제를 쥐어 주면 과제를 해결하기 위해 아이들은 학습 활동에 집중하여 참여한다. 1학년 아이들이라 간단하게 9칸짜리 학습지를 준비했다. 학습지라야 별 게 아니다. 칸마다 미션을 주고 아이들에게 채우도록 하는 활동이다.

　봄을 알리는 풀꽃은 참 많다. 전국 어디에서나 가장 흔하게 보이지만 잘 모르는 풀꽃이 냉이와 꽃다지가 아닌가 생각된다. 그것조차 잘 모르니 다른 풀꽃들을 더 일러 무엇하겠는가?

　환경교육운동 단체 활동을 20년 이상 하면서 처음에는 잘 모르고 낯설기만 했던 생명들이 지금은 하나하나 친숙하고 정답다. 잘 알게 되면서 정도 드니, 누군가에게 자꾸 말하고 싶다. 그래서 지금은 교사나 학부모들을 모아서 강의를 하기도 한다.

　이런 활동을 꾸준히 하다 보니 이제는 자연 탐방 활동에서도 학습의 내용과 방법을 여건에 따라 창의적으로 조직할 수 있게 됐다. 환생교나 초록교육연대 활동, 또는 교사 직무 연수 등의 활동을 하다 보면 많은 중등 선생님을 만난다. 그중에는 과학 교사나 생물 교사가 많다. 그분들 역시 대학을 다니면서 현장에 나가 학습할 기회가 많이 없어선지 식물이든 곤충이든 물고기든 제대로 아는 사람이 드물다. 대학 교육을 받았다고 해서 개인적인 노력 없이 생물의 생태에 정통할 수는 없다. 한국 교육의 현주소인 것이다. 한국의 교육은 모든 것이 학교 울타리 안에서, 교실 안에서 이루어지기 때문이다.

그럴 수밖에 없는 것이 당연하다. 초 · 중 · 고등학교의 교육과정도 그렇고, 교과서의 내용도 현장으로 나가서 하는 활동보다 실내에서 이루어지도록 되어 있다. 나가도 제대로 가르칠 교사가 없다. 그런 능력을 가진 교사를 양성하지 않았기 때문이다.

아무튼 아이들과 밖에 나가면 아이들은 신이 나고, 또 자연 현장에서 살아 있는 공부를 할 수 있어 바람직한 교육 방식이라 하지 않을 수 없다. 더더구나 그걸 프로젝트로 엮어서 한다면 더 바랄 게 없다.

이번 봄맞이 활동에서는 자연 탐사 활동을 하면서 진달래 꽃잎을 따서 먹어 보았다. 그리고 그것을 교실로 가져와 화전을 만들고 먹어 본다면 아이들에게는 얼마나 큰 추억이 되겠는가. 확실한 자연 탐사, 자연 감성 활동이 될 수 있는 것이다.

또 냉이, 황새냉이, 꽃다지, 개불알풀, 남산제비꽃, 제비꽃 등의 풀꽃과 이미 학습을 한 개나리, 벚꽃, 개벚꽃, 개복숭아(복사꽃), 산수유 등 꽃이 피어 있는 식물들을 중심으로 찾아보았다. 그 외 지양산에 흔한 리기다소나무와 우리 소나무를 비교하고, 아까시나무를 관찰했다. 낙엽과 숲, 나무가 쓰러져서 죽고, 분해되는 과정을 살피는 활동이 중심이 되었다. 도우미로 참가한 엄마들 역시 이번 기회가 예전에 해 보지 못한 새로운 내용을 학습하는 기회가 되었으리라 생각된다.

지양산에서

서울신은초등학교 1학년 열매반

지양산 가는 길 모퉁이에 피어
봄을 밝히고 있는 노란 꽃다지, 하얀 냉이
긴다리 끝에 하얀 꽃 달고
환하게 웃고 있는 황새냉이처럼
우리들도 환하게 웃으며 올랐지

비탈길에선 미끄러질까 봐 조심조심
찔레가시, 잔솔가지, 밤송이도 모두 모두
주사바늘처럼 무서웠다.

아까시나무 열매 집 속엔 두런두런 얘기꽃 피어나는데
할머니가 따 먹었다던 진달래꽃 따 먹으니
시골에 계신 할머니가 불현듯 나타났다

보라색 고운 빛 제비꽃과 함께 따서
예쁜 꽃지지미 부치며 어깨짝반 형님과 소곤소곤
엄마, 아빠껜 자랑하고, 동생한텐 으스대지

가을 산을 느끼는 활동

다음은 발도르프 교육을 하면서 아이들이 이 달의 노래로 배워서 많이 부르는 곡의 가사이다. 1학년 아이들이 9월에 부르는 노

2014년 10월 중순, 서울신은초등학교 1학년 열매반 아이들이 지양산 국기봉까지 올라갔다 내려오면서 가을을 만났다.

래이기도 하다. 나는 이 노래가 자연의 서정을 잘 표현하고 있어 참 좋아하는데, 아이들도 잘 따라 한다. 예전에 노랫말에 나오는 바로 그 상수리나무를 지나쳐서 간 기억이 났는지 아이들이 더 신나게 불렀다. 불행하게도 지양산은 산이 낮아서 굴참나무를 볼 수 없는 것이 아쉬웠다.

상수리나무를 지나서 가요
울퉁불퉁 굴참나무 껍질에
지난 밤 하늘소 지나간 얘기 숨어 있다
쉿! 조용히 들어 봐
참나무의 노래를

숲에는 귀화식물인 서양등골나물이 하얀 꽃을 눈이라도 내린

듯 피우고 있었다. 하지만 그 꽃이 환경부가 지정한 유해 식물이라니, 씁쓸할 따름이다. 그 외에 우리 아이들이 이미 공부했던 여러 가지 식물을 채집하여 A4용지에 셀로판테이프로 붙이면서 학습을 했다.

① 여뀌, 바랭이, 고마리, 졸참나무, 갈참나무, 떡갈나무, 별꽃아재비, 쇠별꽃, 개망초, 이고들빼기, 국화, 과꽃 찾아 붙이기
② 리기다소나무 잎 찾아 붙이기, 우리 소나무 잎 찾아 붙이기, 붉나무 잎 따서 붙이기
③ 산초나무 잎 따서 먹어 보기

꽃잎과 낙엽, 나뭇잎 등을 채집하여 종이에 붙이면서 자기 주도적 학습을 하고 있는 서울신은초등학교 1학년 아이들(2014년).

다음의 시는 아이들과 함께 가을맞이를 하고 나서 함께 지은 것이다. 아이들은 이렇게 함께 지은 시를 외우면서 가을의 서정을 맘껏 누려 보는 것이다.

가을이 와요
김광철

가을이 오고 있었요
붉나무 잎에 벌써 내려앉았어요

작살작살 익어 가는 보랏빛 열매
또르르르 굴러갈 것만 같은 청미래덩굴 열매에도

떡갈나무 도톨 모자도 주워 손가락 끝에다 걸어 보고
산초 잎도 따 먹으며 가을의 소리를 들어요

다른 나라에서 들어왔다는 풀꽃
별꽃아재비, 서양등골나물이 온 산을 덮고 있었어요

가을은 무릎 밑에쯤 오고 있었는데
머리끝까지 빨갛게 물드는 날 그려 보아요

이렇게 가을 느끼기를 하면서 주변에서 주운 낙엽, 식물, 꽃 등
을 백지에 붙이면서 학습을 하는 것이다.
한나절 등산 겸 자연 탐사 겸, 자연 속에서 어우러지다 내려오
는 길에 잠깐 들른 놀이터에선 한바탕 신나게 그네도 타고, 암벽
등반도 해 보고, 시소도 타고, 모두 모두 신나는 날이었다.

20. 도시 학교에서 농사 체험

인간의 가장 기초적인 생존 활동

원시 시대 우리 인류는 자연에서 수렵과 채취로 먹을 것을 해결했다. 이후 씨앗을 뿌리고 그것이 자라서 수확을 하여 먹을 것을 확보하면서 정착 생활을 하게 되었다. 정착 생활을 하면서 드디어 인류는 문자를 발명하여 사용하고, 그러면서 의식주에 대한 정보를 기록하고 널리 전파하며 비약적으로 발전을 거듭하게 된다. 그런데 정착 생활을 할 수 있었던 기반이 씨앗을 뿌리고 가꾸고 수확을 하는 농업인 것이다.

농업 기술은 사람들로 하여금 정착 생활과 집단생활을 가능하게 했고, 많은 사람을 먹여 살렸다. 그 기술이 발전에 발전을 거듭하여 지금은 지구상의 70억 인구도 먹여 살린다. 오늘날은 교통이 발달하여 지역에서 생산된 식량 이외에도 교역을 통해 먼 지역의 식량도 확보할 수 있다. 하지만 계속 증가하는 인구를 먹여 살리려면 무엇보다 안정된 식량 확보가 인류의 과제일 수밖에 없다. 따라서 어릴 때부터 먹을거리를 생산하고 조리를 하는 체험 교육을 통해 의식주 문제에 대해 관심을 가지고 자주적이고 자립적인 인간으로 자라게 해야 한다.

● 농업은 과학이다

씨앗을 심고 가꾸고 거기에서 결실이 이루어지는 일련의 과정이 생활 과학 활동이다. 초등 교육에서 추구하는 보편적인 생활인이 되기 위해서도 자신의 먹을거리를 직접 생산하거나, 아니면 그 과정을 익혀서 필요할 때는 언제든 생산 활동을 할 수 있는 소양을 가꾸는 것이 그 어떤 교육보다 우선시되어야 한다. 유럽에서는 보통교육에서 의식주 생활을 영위하는 교육이 필수 과정으로 편성 운영되고 있는데, 우리나라에서는 산업화 이후 이 부분을 간과한 면이 있다.

따라서 이제부터라도 작물을 심고 가꾸고 수확하는 교육 활동이 그 어떤 과학 활동 못지않게 중요한 학습 내용으로 자리 잡아야 한다. 재배, 관찰, 수확 등의 활동을 직접 체험하는 것은 전인교육적 측면에서도 매우 필요한 학습이라 하지 않을 수 없다.

● 노작 활동은 생명에 대한 감성을 증진하는 교육이다

생명이 깃든 씨앗을 심고, 싹이 트는 과정을 눈으로 바라보며, 그 과정에서 생명을 느끼는 일련의 과정을 통해 생명에 대한 외경심을 키우는 것은 정서 발달을 위해서도 바람직하다. 또 생태 친화적인 심성을 함양함으로써 미래의 지구 생태와 환경문제를 해결하는 데도 많은 도움이 될 것이다.

도시 학교에서 해 볼 만한 농사 체험

대부분 도시 지역은 땅값이 비싸서 학교 차원에서 아이들이 농사 체험을 할 만한 공간을 확보하기가 쉽지 않다. 그래서 학교에서 가까운 곳의 텃밭을 임대하여 농사 체험을 하거나 학교 화단이나 짜투리 땅, 옥상 또는 화분을 이용해 농사 체험을 하고 있다. 이런 조건 속에서도 아이들과 함께 재배할 만한 작물은 많다.

① 곡물: 벼, 보리, 밀, 조, 옥수수, 콩, 팥, 고구마, 감자, 땅콩 등

② 채소: 무, 배추, 양배추, 상추, 쑥갓, 치커리, 아욱, 시금치, 근대, 당근

③ 열매 채소: 고추, 토마토, 가지, 딸기, 호박, 오이, 수세미외, 참외, 수박, 박 등

밭작물로는 보리, 밀, 콩, 조, 옥수수, 고구마, 감자 등 주곡으로 이용할 수 있는 것들도 있고, 상추와 배추, 무 등 채소로 이용하는 것, 토마토와 참외 등 채소 과일로 이용되는 것 등 다양하다. 이런 작물 중에는 씨앗을 뿌려 재배를 하기도 하고, 싹이 잘 트지 않은 것은 종묘상 등에서 파는 모종을 사다 재배할 수도 있다. 이러한 작물들을 아이들과 함께 어떻게 재배하면 좋은지 경험을 살려 살펴보겠다.

● 보리 · 밀

보리와 밀은 대표적인 겨울 작물이다. 가을에 여름 작물을 수

확하고 난 자리에 씨앗을 뿌려 이듬해 초여름에 수확을 하는 작물들이다. 특히 보리와 밀은 기온이 영상 4℃ 이하로 내려가야 열매를 맺기 때문에 겨울에 재배하는 것이 좋다.

서울신은초등학교 3학년 누리반 아이들이 화분에서 가꾼 밀(2012년)

보리와 밀은 다른 작물에 비해 씨앗이 커서 싹을 잘 틔운다. 그만큼 재배하기 쉽다. 씨앗은 흩어뿌리거나 줄뿌림, 점뿌림 등 다양한 방식으로 할 수 있다.

(1) 파종 준비

기다란 화분을 마련하여 흙이 빠지지 않게 자갈이나 가는 망 등을 이용해 구멍을 막는다. 모래를 5분의 1 정도 채우고, 그 위에 화단 흙(모래와 진흙이 섞여 있는 보통 흙)을 3분의 1가량 채운다. 이후 밑거름으로 잘 썩은 두엄(시중에서 파는 화분용 흙도 좋음)을 5분의 1 정도 채우고, 그 위에 화분 높이의 95% 정도로 화분이 거의 차게 화단 흙을 채운다.

(2) 파종

교실에서 화분에 재배를 한다면 점뿌림 방식이 좋다. 기다란

화분에 약 3~5cm 정도 깊이에 5×5cm 간격으로 구멍을 뚫고 3~5
알씩 씨앗을 넣어 흙을 덮어 주면 된다. 좀 더 싹을 빨리 틔우려
면 따뜻한 곳에서 씨앗을 물에 담가 불리고 싹이 막 올라올 때 심
으면 된다.

(3) 재배

싹이 트면 교실 안이나 밖에서 화분의 흙이 마르지 않을 정도
로 적당히 물을 주면서 키우면 된다. 밀이나 보리는 겨울 작물이
기 때문에 특별히 병충해 피해를 입지 않는다. 다만 싹이 5cm 정
도 자란 다음 싹들이 너무 빽빽하면 솎아 주면 된다. 밭에서 재배
를 할 때는 날이 추워져서 서리가 내리면 흙이 부풀어 오르기 때
문에 보리밟기를 해서 흙을 다져 주어야 대가 여러 개 올라와 수
확량이 많아진다고 한다. 화분에서 재배를 할 때는 굳이 그럴 필
요는 없다.

(4) 수확

5월 중순쯤 되면 누렇게 익기 시작해 6월 6일 현충일 정도(망
종)가 되면 완전히 익어서 수확할 수 있다.

● 감자

감자는 추울 때도 비교적 잘 자라고, 봄 감자와 가을 감자로 구
분한다. 봄 감자는 4월 5일(한식) 전후로 심어 재배를 하고, 가을
감자는 7월 하순에서 8월 상순경에 심어 재배를 한다.

(1) 씨감자 고르기

씨감자는 시장에서 파는 것을 쪼개어 심을 수도 있지만, 그러면 수확량이 떨어진다. 씨감자 재배와 공급은 국립종자관리소에서 담당하는데, 대량으로 재배할 때 보통은 3월에 미리 주문하면 농협을 통해 구매할 수 있지만, 보통은 종묘상에서 구매해서 심으면 된다. 씨감자는 대관령 부근 고랭지에서 여름에 많이 재배한다.

(2) 감자 심을 땅 준비하기

감자는 밭에서 이랑을 만들거나 구덩이를 파서 심는데, 화분에 심을 수도 있다. 모든 작물이 그렇지만 특히 밑거름을 충분히 주어야 튼튼하게 많이 달린다. 두엄이나 재 등은 이랑 만들기 전에 준비해 놓고, 필요하다면 복합비료도 함께 넣어서 이랑을 만든다. 구덩이를 파서 심을 때는 지름이 30cm 안팎이 되도록 하고, 깊이도 30cm 안팎이 되도록 파서 구덩이에 밑거름을 2분의 1이나 3분의 3쯤 채우고 그 위에 흙을 소복하게 덮어 감자를 심으면 된다. 풀이 나는 것을 방지하려면 검정 비닐로 멀칭을 해야 한다. 비닐이 환경오염, 토양오염의 원인이 될 수 있으므로 신문지 등을 멀칭 용구로 대신할 수도 있다.

(3) 씨감자 심기

씨감자는 보통 아이들 주먹만 한 크기가 좋으며, 2~3쪽으로 쪼개어 심는데, 쪼개진 조각에 반드시 씨눈(움푹 들어가서 작은 눈 조각이 달려 있음)이 최소한 하나는 남아 있어야 한다. 쪼갠 감자는 2~3일 말려서 수분이 증발하면 심으면 되는데, 시골에서는 자른 부분이 썩지 말라고 재를 묻혀 심기도 한다. 이때 자른 부분은 땅바닥으로 향하고 씨눈이 하늘을 향하도록 하고, 감자 크기의 3~4배 정도 깊이 묻는다. 감자를 심는 간격은 20~30cm 정도가 좋다. 씨감자는 심어 놓고 한참을 기다려야 싹이 나온다. 보통 한 달쯤 걸리며, 더 오래 걸리기도 한다. 경험이 없고 성질 급한 사람들은 싹이 왜 안 나오나 싶어 땅을 파 보기도 한다. 진득하게 기다려야 한다.

(4) 감자 재배

싹이 나오면 이내 잎을 내민다. 파릇하고 힘 있게 돋아나는 감자 잎은 아주 예쁘다. 이때부터 감자는 땅속줄기(뿌리에 해당한다)를 뻗기 시작한다. 그 동안은 씨감자에 있는 양분으로 자라다 이때부터 땅에서 직접 양분을 빨아들여 자신의 힘으로 자라게 된다.

감자 잎이 싹틀 때부터 꽃이 필 때쯤 봄 가뭄이 들기도 하는데, 그럴 때는 물을 주기도 하지만 보통 심하지 않으면 김을 한두 번 매주면서 북주기를 하면 좋다. 멀칭을 했을 때는 북주기를 하는 것이 어려울 수 있으므로 안 해도 된다.

개수는 좀 적더라도 굵은 감자를 수확하고 싶으면 순 솎기를 한다. 잎이 무성하면 햇빛이 잘 드는 쪽 덩이줄기에 녹말이 계속 저장되어 알이 굵어지지만, 햇빛을 받지 못하는 쪽은 덩이줄기가 생기기는 해도 충분히 굵어지지 않는다. 그래서 굵은 감자를 얻

서울신은초등학교 6학년 열매반 아이들이 학교 텃밭에 심어 놓은 감자를 수확하고 있다(2015년).

으려면 순 솎기를 한다. 안 해도 상관없다. 순 솎기는 돋아난 싹이 10cm 정도(잎이 4~5장 정도 나온다) 됐을 때 하는데, 충실한 싹 1~2개만 남기고 나머지는 꺾어서 버린다. 싹을 뽑으면 씨감자에 영향을 미칠 수 있으니 잘라 내는 것이 좋다.

(5) 수확

감자는 보통 장마가 오기 전 수확한다. 잎과 줄기가 누렇게 변하는데 이때 수확하면 된다. 보통 6월 20~30일쯤이 적당하다. 날씨가 좋은 날 캐야 감자에 흙이 묻지 않고 뽀송뽀송한 상태로 저장할 수 있다.

● 토마토

토마토는 병충해에 강해 모종을 사다 심어도 웬만하면 잘 자라기 때문에 어린이들과 함께 재배하기에 알맞은 작물이다. 종묘상에서 튼튼한 모종을 골라 사다 밑거름을 잘 주고 심으면 교실 창틀 등에서도 쉽게 가꿀 수 있다.

어느 정도 자라면 버팀대를 세워서 묶어 주고, 순지르기를 잘하는 게 무엇보다도 중요한 포인트다. 원줄기는 놔두고 곁가지는 나오는 대로 순을 따 주어야 열매가 크고 튼튼하게 달린다. 어느 정도 자라면 원가지도 끝을 잘라 열매 쪽으로 영양 공급이 잘 되도록 해야 튼튼한 열매를 수확할 수 있다.

교실 창틀에서 가꾸는 토마토는 햇볕만 잘 받으면 건강하게 자란다. 물은 3일에 한 번 정도 화분 흙이 마르지 않게 준다.

서울서정초등학교 4학년 교실 창틀에서 키운 토마토(2009년)

● 고추

고추도 종묘상에서 모종을 사다 심는 것이 좋다. 종묘상에서 청양고추같이 매운 품종을 재배할 것인지 잘 판단해서 선택한다.

화분은 물빠짐이 좋아야 한다. 본 밭에 심을 때는 이랑을 높게 만드는 것이 좋다. 멀칭을 하고 40~50cm 간격으로 심는 것이 좋다. 밀식을 하면 각종 병해충이 잘 발생한다.

고추는 한 번 탄저병이 돌면 농사를 망칠 수 있다. 물빠짐이 좋고 밀식을 하지 않으며 다른 작물과 섞어 심으면 오히려 병충해를 막는 역할을 할 수도 있다.

고추는 심고 나서 본가지 3개가 나와 옆으로 벌어지면 그 밑에 있는 곁가지는 다 가지치기한다. 그래야 영양분이 곁가지로 가지 않고 열매가 튼실하게 달린다.

고추는 진딧물이 잘 발생하는데, 진딧물이 생기면 우유를 물에 엷게 희석하여 뿌려 주면 도움이 된다. 우유가 진딧물을 가지에 접착시켜 피부 호흡을 막아 죽이는 것이다. 또는 담뱃가루 불린 물을 뿌려 줘도 되고, 물과 막걸리를 일대일로 섞은 후 식초를 10%만 첨가해 분무기로 뿌려 줘도 된다. 뿌리다 남은 액을 다음 날 한 번 더 뿌리면 깨끗이 죽는다고 한다.

※ 탄저병 방제: 농약을 사용하지 않고 방제를 하려면 과산화수소수 120mL에 물 20L를 희석해 비가 온 다음 날 뿌려 주거나 사과식초 120mL에 물 20L를 희석해서 뿌려 주어도 좋다고 한다.

● 오이, 마디호박
오이(호박)는 씨앗이 커서 미리 싹을 틔워 재배할 수도 있지만 종묘상에서 파는 묘종을 사다 심는 것이 훨씬 쉽다.

깊이는 160~200cm, 포기 사이는 40~50cm가 적당하다. 너무 밀식하면 아래쪽 잎이 햇빛을 충분히 받지 못해 동화작용이 떨어지므로 간격을 벌려서 심는 것이 좋다.

본잎이 5~6장 정도 나오면 A자형으로 지주를 세우고 거기에 망을 쳐서 오이(호박)의 덩굴손이 감아 올라가도록 한다.

오이(호박)도 토마토같이 원줄기 외에 옆에서 나오는 곁가지들을 치는 순지르기를 해 주면 크고 튼튼한 열매를 수확할 수 있다.

오이나 호박은 화분 크기가 크고 깊은 것을 이용하면 햇볕이 잘 드는 교실 창틀에서도 재배할 수 있다. 여름에는 녹색 커튼으로 활용할 수 있어 교실 냉방에도 도움을 준다.

● 상추, 쑥갓, 아욱, 시금치 등 채소

종묘상에서 씨앗을 사다 파종을 한다. 4월 말에서 5월까지 아무 때나 씨앗을 뿌리면 된다.

폭 1~1.5m 정도 넓이로 미리 두엄 등의 밑거름을 뿌린 다음 쇠스랑이나 삽으로 흙을 파 엎어 고루 섞이도록 하여 모판을 만든다. 그런 다음 모판 위에 씨앗이 너무 밀식되지 않도록 적당히 흩뿌리거나 줄뿌림하는 것이 좋다. 초보자는 씨앗을 너무 많이 뿌리는 경향이 있는데, 너무 빽빽하게 뿌리지 않는다.

씨앗을 뿌린 다음 물을 충분히 주고 짚이나 거적을 덮어서 새들이 먹지 않게 한다. 씨앗을 뿌린 다음 잘 밟아 주어도 좋다. 씨앗을 뿌린 지 5~7일 정도 지나면 싹이 튼다.

싹이 트면 본 잎이 나고, 5cm 정도 자라면 배게 난 것들은 솎아 준다. 수시로 솎으며 간격이 적당하게 벌어지도록 하는 것이 좋다.

상추 등은 모종을 사다 키울 수도 있다.

● 무, 배추

무와 배추는 날씨가 서늘한 가을에 재배하기 때문에 잡초를 뽑는 데 힘이 많이 들지 않아 재배하는 데 어려움이 없다. 날씨가 선선해서 비교적 병충해 피해를 보지 않고 재배할 수 있다.

무는 8월 중순께 앞의 상추 키우는 것과 같은 방법으로 씨앗을 뿌려 재배하면 된다.

배추는 감자나 고구마를 재배하는 방법으로 이랑을 만들고 멀칭을 해서(멀칭을 안 해도 풀이 많이 나지는 않는다) 약 40cm 간격으로 심어 준다.

무나 배추를 심을 때는 친환경 농법으로 심더라도 종묘상에서 붕사를 사서 밑거름과 함께 미리 조금씩 뿌려 주면 작물이 자라는 데 도움을 준다.

● 메밀, 쪽파

메밀은 재배하기가 쉽다. 8월 중순쯤 밑거름과 함께 씨앗을 흩뿌리면 일주일 정도 지나 싹이 트고 9월 중순께 꽃이 핀다. 열매는 9~10월에 맺는다.

쪽파는 8월 말쯤 무, 배추와 비슷한 시기에 밑거름을 잘 주고 한 쪽씩 5cm 정도 깊이로 5~10cm 간격을 두고 심는다.

마늘이나 양파 등은 11월 초순에서 중순 사이에 심으면 된다. 모판을 만들어서 심는 방법과 이랑에 심는 방법이 있다.

농사 체험활동 할 때 주의할 점 몇 가지

창틀에서 작물 가꾸기를 할 때는 가급적 햇볕이 잘 드는 창가에서 키운다. 통풍이 잘 되어야 진딧물 등이 끼지 않으므로 가급적 창틀 밖에서 재배를 하는 것이 좋다.

보통 작물을 재배할 때 물을 많이 주는 경향이 있는데, 물은 3일에 한 번 1회 정도 충분히 주면 된다. 너무 자주 주면 뿌리가 썩어서 오히려 작물이 죽는다.

모든 작물은 밑거름을 충분히 주면 자라는 과정에서 추가로 거름을 더 주지 않아도 된다. 밑거름을 충분히 주는 것이 중요하다.

씨앗을 뿌려서 키우는 작물은 자라면서 밀식이 되지 않게 잘 솎아서 적당한 간격을 유지하게 해야 잘 자란다.

진딧물은 바람이 잘 통하는 곳에서는 잘 끼지 않으며, 끼어도 앞에서 말한 대로 방제해 주면 된다.

농약과 화학비료는 쓰지 않고 친환경 농법으로 농사 체험을 하자. 밑거름을 잘 주어 작물이 튼튼하면 병해충이 잘 생기지 않는다.

비료의 3요소로 질소비료(N, 두엄 등), 인산비료(P, 골분), 가리비료(K, 재)를 골고루 사용하여 시비를 하는 것이 좋은데, 두엄 등 유기질비료를 확보하여 활용하는 것이 바람직하다.

서울신은초등학교에서의 다양한 농사 체험활동들

메밀(교실 창틀 화분)

배추, 무, 쪽파(학교 옆뜰 텃밭)

오이, 호박, 토마토(옥상 텃밭)

고구마(옥상 텃밭)

재미있고도 힘든 농사 체험

서울신은초등학교 6-열매반 유예은

6학년이 되어 처음에 농사지을 때는 재미있고 좋았다. 토마토를 따 먹으면서 농산물들을 직접 길러서 먹을 수 있기 때문에 더 맛있는 것 같다.

6월 말에 감자를 수확하고 나서 무슨 요리를 할까 생각을 했지만 우리 모둠에서는 감자피자를 만들기로 하여, 소스부터 맛있게 만들었다. 다진 마늘을 넣고, 버터를 넣으니 제법 향긋한 냄새가! 감자를 그냥 삶아서 먹어도 맛있는데 치즈가 주욱 늘어난 데다가 햄 특유의 고소함까지 겹쳐 행복지수 up↑

신은혁신한마당 때 6학년의 주제는 '환경과 에너지'였다. 우리 반에서는 모둠별로 다양한 아이디어를 내어서 전교 아이들한테 베풀었는데, 우리 모둠에서는 우리 반이 재배를 하여 가을에 수확한 고구마로 튀김을 만들어서 '탄소 발자국' 이야기를 하고 우리 농산물을 많이 먹자는 주제로 진행했다. 아이들의 반응이 좋아서 기분이 짱이었다.

벼를 키워서 수확을 하여 인절미를 만들어 먹은 것도 빼놓을 수 없고, 다음 주에 있을 김장해서 먹을 생각을 하니 벌써 군침이 입안에 사르르 돈다.

삶과 교육을 바꾸는
맘에드림 출판사 교육 도서

나는 혁신학교에 간다

경태영 지음 / 값 14,000원

공교육을 바꾸겠다는 거대한 희망을 품고 시작된 '혁신학교'. 이 책은 일곱 개 혁신학교의 이야기를 담고 있다. 지금 우리 교육이 변화하는 생생한 현장의 모습과 아이들이 꿈을 키우고 행복하게 공부하는 희망의 터로 새롭게 자리매김하는 학교들을 이 책에서 만날 수 있다.

혁신학교란 무엇인가

김성천 지음 / 값 15,000원

교육 공동체가 만들어내는 우리 시대 혁신학교 들여다보기. 혁신학교 전반에 관한 이야기를 다루고 있는 책으로, 공교육 안에서 혁신학교가 생기게 된 역사에서부터 혁신학교의 핵심 가치, 이론적 토대, 원리와 원칙, 성공적인 혁신학교의 모습을 보이고 있는 단위 학교의 모습까지 담아냈다.

학부모가 알아야 할 혁신학교의 모든 것

김성천, 오재길 지음 / 값 15,000원

학부모들을 위한 혁신학교 지침서!
'혁신학교에서는 무엇을, 어떻게 가르치고 있는지, 교사·학생·학부모는 어떻게 만나서 대화하고 관계를 맺어가는지, 어떤 교육 목표를 지향하고 있는지 등 이 책은 대한민국 학부모들의 궁금증에 친절하게 답을 한다.

덕양중학교 혁신학교 도전기

김삼진 외 지음 / 값 14,500원

이 책의 1부는 지난 4년 동안 덕양중학교가 시도한 혁신과 도전, 성장을 사실과 경험에 기반한 스토리텔링 방식의 성장기로 전개하고 있다. 그리고 2부는 지역사회와 협력하여 펼치고 있는 교육 프로그램, 배움의 공동체 수업 등을 현장 사례 중심의 교육적 에세이 형태로 담고 있다.

학교 바꾸기 그 후 12년
권새봄 외 지음 / 값 14,500원

MBC PD 수첩에 방영되어 화제가 되었던 남한산초등학교. 아이들이 모두 행복하고, 얼굴 표정이 밝은 아이들. 학교 가는 것을 무엇보다 좋아하고, 방학을 싫어하는 아이들. 수업과 발표를 즐겼던 이 학교를 졸업한 아이들이 그 후 12년의 삶을 세상에 이야기한다.

교사는 수업으로 성장한다
박현숙 지음 / 값 12,000원

그동안 교사는 수업에서 아이들을 만나지 못해왔다. 관계와 만남이 없는 성장의 결손을 낳았다. 그리하여 우리 아이들과 교사들은 모두 참 아프고 외로웠다. 이 책에서는 교사, 학생, 학부모, 지역사회가 공동체로서 서로 관계를 맺을 때에만 배움은 즐거운 활동으로서 모두가 성장하는 삶의 일부가 될 수 있음을 보여준다.

교사와 학부모가 함께 읽는 주제 통합 수업
김정안 외 지음 / 값 15,000원

'서울형 혁신학교'로 지정된 7개 혁신학교들이 지난 1~2년 동안 운영한 주제 중심 통합 교육 과정과 수업 사례를 소개한 책이다. 이 학교들의 교육과정은 전국적으로 이루어지는 혁신학교들의 성과를 반영하였고, 자신의 지역사회의 실제 환경과 경험을 살려 실제 수업에 적용한 것이다.

혁신교육 미래를 말한다
서용선 외 지음 / 값 14,000원

혁신교육은 2009년 이후 공교육 되살리기의 새로운 희망이 되어왔다. 이러한 정책을 입안하고 추진하는 데 기여해왔던 6명의 교사 출신 연구자들이 혁신교육 발전에 필요한 정책 과제들을 모아 하나의 책으로 제시한다. 이 책은 교육철학, 교육과정, 교육행정과 학교 운영(거버넌스) 등에서 주요 이슈들을 정리하고 혁신교육의 성과와 과제가 무엇인가를 보여준다.

수업을 살리는 교육과정

서우철 외 지음 / 값 16,500원

최근 교육과정을 재구성하는 논의가 활발한 가운데, 이 책에서는 개별 교과목과 교과서의 형식에 얽매이지 않고 아이들의 발달을 고려하여 주제를 중심으로 교육과정을 재구성하여 통합적으로 운영하는 방법과 구체적인 실천 사례를 설명하고 있다. 이러한 과정은 같은 학년을 맡고 있는 교사들의 토론과 협력을 통해서 이루어진 것임을 이야기한다.

수업 딜레마

이규철 지음 / 값 14,000원

이 책을 관통하는 키워드는 '사람'이다. 저자의 노하우를 전수하는 것이 아니라, 수업 속에서 딜레마에 맞닥뜨려 고통받고 있는 선생님들의 고민을 담고, 신념을 담고, 그것을 이겨내기 위한 한 분 한 분의 마음을 담고 있다. 이런 고민 속에 이 책을 집어 든 나를 귀하게 여기며 다시 한 번 교사로 잘 살아보고 싶은 도전을 하게 한다.

좋은 엄마가 스마트폰을 이긴다

깨끗한미디어를위한교사운동 지음 / 값 13,500원

스마트폰에 대한 아이들의 집착은 대단하다. 스마트폰은 '재미있고 편리하다.' 그러나 스마트폰 때문에 아이들은 시간을 빼앗기고, 건강이 나빠지고, 대화가 사라지며, 공부와 휴식, 수면마저 방해를 받는다. 이 책은 이러한 사례들을 생생하게 소개하고 부모들에게 아이들의 스마트폰 사용에 어떻게 대응해야 하는지 대안을 제시한다.

엄선생의 학급운영 레시피

엄은남 지음 / 값 14,000원

34년 경력의 현직 교사가 쓴 생동감 넘치는 학급운영 지침서. 초등학교에서 아이들은 문자와 숫자를 익히는 것보다 학교와 교실에서 낯설고 모험적인 사건을 겪으면서 더 많은 것을 배운다. 이 책은 초등학교에서 교과서 지식보다 더 중요한 역할을 하는 학교생활과 학급문화를 만드는 데 담임교사의 역할을 다룬다. 교사와 아이들이 서로 존중하고 신뢰하는 관계를 어떻게 만들어야 하는지 구체적인 경험과 사례로 설명해준다.

진짜 공부
김지수 외 지음 / 값 15,000원

혁신학교가 추구하는 '진짜 공부'와 '진짜 스펙'이 무엇인지 보여주는, 졸업생들의 생동감 넘치는 경험담. 12명의 졸업생들은 학교에서 탐방, 글쓰기, 독서, 발표, 토론, 연구, 동아리, 학생회 활동을 통해 자신들이 생각하지도 못한 진짜 공부를 경험했음을 보여준다. 이 책을 통해 수능시험이 아니라 정말로 청소년 스스로 하고 싶을 즐기면서 성장하는 것이 우리 사회에 필요한 것임을 새삼 느낄 수 있다.

수업 디자인
남경운, 서동석, 이경은 지음 / 값 15,000원

서울형 혁신학교의 대표적인 수업 혁신을 담은 이야기. 아이들이 서로 협력하면서 배우는 수업을 목표로 삼은 저자들은 범교과 수업모임을 통한 공동 수업설계를 대안으로 제시한다. 아이들은 교사의 설명을 통해 배우는 것이 아니라 서로 '옥신각신'하며 함께 문제에 도전할 때 수업에 몰입하고 배우게 된다. 이 책은 이러한 수업을 위해서 교사들이 교과를 넘어 어떻게 협력하고 수업을 연구해야 하는지 잘 보여준다.

아이들이 가진 생각의 힘
데보라 마이어 지음 / 정훈 옮김 / 값 15,000원

미국 공교육 개혁의 전설적 인물 데보라 마이어가 전하는 교육 개혁에 대한 경이롭고도 신선한 제언. 이 책은 학교 혁신의 생생한 기록을 통해 우리가 학교에서 무엇을 왜 가르치고 배워야 하는지에 대한 근원적인 성찰을 담고 있다. 아이들이 지성적으로 생각하는 마음의 습관을 배우는 것이 얼마나 중요하고 그것을 위해 학교가 무엇을 해야 하는지를 일깨워준다.

어! 교육과정? 아하! 교육과정 재구성!
박현숙·이경숙 지음 / 값 16,500원

교육과정 재구성을 고민하는 교사를 위한 현장 지침서. 이 책은 저자들이 학교 현장에서 교육과정 재구성이라는 화두를 고민하고, 실행한 사례들이 담겨져 있다. 책의 내용은 주제 통합 수업, 교과 통합 수업, 범교과 주제 학습, 교과 체험 학습, 프로젝트 수업 등 학교 현장에서 적용해 큰 성과를 본 것들을 세밀하게 소개하면서 교육과정 재구성 작업의 노하우를 펼쳐 보인다.

행복한 나는 혁신학교 학부모입니다

서울형혁신학교학부모네트워크 지음 / 값 16,000원

이 책은 학부모가 자신의 눈높이에서 일러주는 아이들의 혁신학교 적응기일 뿐 아니라, 학부모 역시 학교를 통해 자신의 삶을 고양시켜가는 부모 성장기라는 점에서 대한민국의 모든 학부모에게 건네는 희망 보고서이기도 하다. 혁신학교가 궁금한 학부모들이 이 책을 통해 혁신학교 학부모로서의 체험을 미리 하는 데 부족함이 없을 것이다.

일반고 리모델링 혁신고가 정답이다

김인호, 오안근 지음 / 값 15,000원

교육 환경이 열악한 지역에 있던, 서울의 한 일반계 고등학교가 혁신학교로서 4년간 도전과 변화를 겪으면서 쌓은 진로, 진학의 비결을 우리 사회 모든 학생, 학부모, 교사, 시민 등에게 낱낱이 소개해주는 책. 이 책은 무엇보다 '혁신학교는 대학 입시에 도움이 안 된다.'는 세간의 편견을 말끔히 떨어 없앤다. 이 책에서 저자들은 '결과' 중심 교육과정을 '과정' 중심으로 바꾸고, 교내 대회와 동아리 활동, 봉사 활동을 장려함으로써 대학 진학이란 놀라운 결과가 어떻게 이루어질 수 있었는지 보여주고 있다.

우리가 신뢰하는 학교, 어떻게 만들 것인가?

데보라 마이어 지음 / 서용선 옮김 / 값 15,000원

이 책의 저자인 데보라 마이어는 보수와 진보를 막론하고 미국 공교육 개혁 분야에서 가장 신뢰받는 실천가이자 이론가로 평가받는다. 학교 안에서 '신뢰의 붕괴'를 오늘날 공교육이 직면한 가장 큰 도전으로 인식한다. 이 책의 원제 'In Schools We Trust'에서 나타나듯, 저자는 신뢰할 수 있는 공교육의 조건이 무엇인지 자신의 경험 속에서 제안하고, 탐색하고, 성찰한다.

교사, 어떻게 살아야 하는가

김성천 외 지음 / 값 15,000원

오랫동안 교육 현장에서 교육과 연구를 병행해온 저자 5인이 쓴 '신규 교사를 위한 이 시대의 교사론'. 이 책은 학교 구성원과의 관계 맺기부터 학교 현장에서 맞닥뜨리게 되는 여러 가지 문제들과 극복 방법, 교육 개혁에 어떻게 주체로 설 수 있는지, 어떤 과정을 통해 개인의 성장을 도모해야 하는지 등 신규 교사의 궁금점에 대해 두루 답하고 있다.

리셋, 교육과정 재구성
서울신은초등학교 교육과정 연구회 모임 지음 / 값 16,000원

서울형 혁신학교인 서울신은초등학교 교사들이 1학년부터
6학년까지 모든 학년의 교육과정을 재구성하고 실천한 경험을
모두 담았다. 이 책에 소개된 혁신학교 4년의 경험은 진정한
학습이란 몸과 마음을 통해 경험함으로써, 생각이나 감정을 다른
사람과 주고받음으로써, 과거 경험을 새로운 지식으로 다시
생각함으로써 실현된다는 점을 잘 보여주고 있다.

다섯 빛깔 교육이야기
이상님 지음 / 값 16,000원

충북 혁신학교(행복씨앗학교)인 청주 동화초등학교의 동화 작가
출신 선생님이 아이들과 함께 보낸 한해살이 이야기다. 이오덕
선생의 "아이들의 삶을 가꾸는 교육"을 고민하던 저자가 동화초
아이들을 만나면서 초등학생의 특성에 맞도록 활동 중심의
교육과정을 재구성하는 한편, 표현 위주의 교육을 위한 생활
글쓰기 교육을 실천하면서, 학교 교육을 아이들의 놀이와 생활,
삶과 연결시키고자 노력한 교단 일지를 바탕으로 구성되었다.

만들자, 학교협동조합
박주희 · 주수원 지음 / 값 14,500원

이 책은 학교협동조합이 무엇인지, 어떤 유형의 학교협동조합이
가능한지, 전국적으로 현재 학교협동조합의 추진 상황은 어떠한지
국내외 사례를 통해 소개하고 안내하는 한편, 학교협동조합을
운영하는 원리와 구체적인 교육방법을 상세하게 풀어놓고 있다.
저자들의 실천적 지침들을 따라가다 보면 학교협동조합은 더 이상
상상이 아니라 학교 구성원의 필요와 의지, 실천으로 극복할 수
있는 실현 가능한 미래라는 점을 알게 된다.

땀샘 최진수의 초등 수업 백과
최진수 지음 / 값 21,000원

초등학교에서 20여 년간 아이들을 가르쳐온 저자가 초등학교
수업에 대해서 기록하고 연구하고 실천하며 쌓아온 경험을
바탕으로 초등학생들과 수업을 함께하는 방법을 담고 있다.
아이들의 학습 동기, 아이들이 수업에 참여하는 방법, 칠판과
공책을 사용하는 방법, 모둠 활동, 교과별 수업, 조사와 발표
등 초등학교 교사가 아이들을 가르칠 때 알아야 할 가장
기본적이면서도 가장 중요한 모든 것을 다루고 있다.

혁신 교육 내비게이터 곽노현입니다

곽노현 편저 · 해제 / 값 17,000원

서울시 18대 교육감이자 첫 번째 진보 교육감으로서 혁신 교육을 펼쳤던, 곽노현은 우리 사회 전반을 아우르는 주요 교육 현안들을 이 책에서 포괄적으로 다루고 있다. 2014년 3월부터 1년간 방송된 교육 전문 팟캐스트 '나비 프로젝트' 인터뷰에 출연한 전문가들과 나눈 대화와 그에 대한 성찰적 후기를 담고 있다. 이 책은 그야말로 우리가 '지금 알아야 할 최소한의 교육 이야기'를 포괄하고 있다.

무엇이 학교 혁신을 지속가능하게 하는가

권성호, 김현철, 유병규 정진헌, 징훈 지음 / 값 14,500원

독일 '괴팅겐 통합학교', 미국 '센트럴파크이스트 중등학교', 한국 혁신학교의 사례들을 통해 성공적인 학교 혁신의 공통점을 찾아내고 그것을 지속가능하도록 만들기 위해서 필요한 것은 무엇인지를 보여준다. 독자들은 이 책에서 괴팅겐 통합학교의 볼프강 교장이 말한 것처럼 "좋은 학교"를 만들기 위한 학교 혁신에 세계적으로 보편적이라고 할 만한 공통점을 찾을 수 있다.

교과를 꽃 피게하는 독서 수업

시흥 혁신교육지구 중등 독서교육 연구회 지음 / 값 16,500원

이 책은 지난 5년 동안 진행된 혁신교육지구 사업의 일환으로 학교에서 고군분투하며 독서교육을 이끌어왔던 독서지도사들이 실천 경험을 엮어낸 것으로 청소년기 학생들에게 장래 진로, 사랑, 우정, 삶의 지혜를 찾는 데 도움을 주는 독서교육을 잘 보여주고 있다. 특히 이 책에 소개된 국어, 수학, 과학, 사회, 도덕, 미술, 역사 등 다양한 교과와 연계한 협력수업은 독서교육의 새로운 전망을 보여주는 결실이다.

혁신학교의 거의 모든 것

김성천, 서용선, 홍섭근 지음 / 값 15,000원

저자들은 이 책에서 혁신학교에 대한 100가지 질문에 답하면서 혁신학교의 역사, 배경, 현황, 평가와 전망을 구체적인 증거를 통해 설명하고 있다. 이 책에 서술된 혁신학교에 관한 100문 100답을 통하여 우리 사회에 필요한 교육은 무엇인지, 교사와 학생들이 더 즐겁게 가르치고 배우면서 성장할 수 있는 교육을 위해 필요한 것이 무엇인지, 그것을 위해서 우리 사회 시민 각자가 자신의 위치에서 무엇을 하면 좋은가를 더 깊이 생각해볼 기회를 얻을 것이다.

교실 속 비주얼씽킹

김해동 / 값 14,500원

이 책은 비주얼씽킹 기본기부터 시작하여 교과별 수업, 생활교육, 학급운영 등에 비주얼씽킹을 응용하는 방법을 설명하고 있다. 특히 교사들이 초등학교 1학년부터 고등학교 3학년까지 국어, 수학, 영어, 과학, 사회 등 모든 교과 수업에 비주얼씽킹을 활용할 수 있도록 수업 지도안을 상세하면서도 간결하게 제시하고 있다. 또한 독자들이 책 내용에 대해 더욱 풍부한 이미지와 자료를 접할 수 있도록 저자의 블로그로 연결되는 QR코드를 담고 있다.

교육과정–수업–평가 어떻게 혁신할 것인가

이형빈 지음 / 값 15,500원

이 책은 교육과정 사회학자 번스타인(Basil Bernstein)이 제시한 '재맥락화(recontextualized)'의 관점에 따라 저자가 장기간에 걸쳐 일반 학교 한 곳과 혁신학교 두 곳의 수업을 현장에서 면밀하게 관찰하고 심층 인터뷰와 설문조사를 통한 연구를 바탕으로 무기력과 불평등을 재생산하는 교실을 민주적이고 평등한 구조로 바꾸기 위해 교육과정-수업-평가를 어떻게 혁신해야 하는지 제안하는 내용을 담고 있다.

혁신학교 효과

한희정 지음 / 값 15,000원

이 책에서 혁신학교 효과를 살펴보기 위해서 저자는 혁신학교가 OECD DeSeCo 프로젝트에 제시된 '핵심 역량'을 가르치고 있는지, 학생·학부모·교사가 서로 배우는 교육 공동체를 이루고 있는지, 학생의 발달을 위한 다양한 교육과정을 운영하고 있는지, 교사의 자율성과 전문성을 강화하고 있는지, 자치적이고 민주적인 학교문화를 가지고 있는지, 지역사회와 협력하고 있는지를 다른 일반 학교와 비교하여 설명한다.

....

독자 여러분의 소중한 원고를 기다립니다

맘에드림 출판사는 독자 여러분의 소중한 원고를 기다리고 있습니다. 원고가 있으신 분은 nurio1@naver.com으로 원고의 간단한 소개와 연락처를 보내주시면 빠른 시간에 검토하여 연락을 드리겠습니다.

....

교실 속
생태 환경 이야기